SUSANA CLARK FIUZA

ARQUITETURA
na prática e na vida

Labrador

© Susana Clark Fiuza, 2023
Todos os direitos desta edição reservados à Editora Labrador.

Coordenação editorial Pamela Oliveira

Assistência editorial Leticia Oliveira, Jaqueline Corrêa

Consultoria de escrita Central de Escritores Rose Lira, Gabriella M. Ferreira

Projeto gráfico, diagramação e capa Amanda Chagas

Preparação de texto Lívia Lisbôa

Revisão Vinícius E. Russi, Izolda Custódio

Imagens de miolo Arquivo pessoal da autora;
p. 19: Nicolas Gondim; p. 26, 30, 33, 34, 36, 46, 57-59, 61, 62, 66, 78, 81, 84-86, 97, 100, 103, 108, 122, 125, 131, 135, 136, 138, 142, 148: Leo Soares

Imagens de capa Leo Soares

Dados Internacionais de Catalogação na Publicação (CIP)
Jéssica de Oliveira Molinari - CRB-8/9852

Fiuza, Susana Clark

   Arquitetura na prática e na vida / Susana Clark Fiuza.
São Paulo : Labrador, 2023.
   176 p.

   ISBN 978-65-5625-386-2

   1. Arquitetura – Carreira 2. Arquitetos – Experiência professional I. Título

23-4025   CDD 720

Índice para catálogo sistemático:
1. Arquitetura

Labrador

Diretor geral Daniel Pinsky
Rua Dr. José Elias, 520, sala 1
Alto da Lapa | 05083-030 | São Paulo | SP
contato@editoralabrador.com.br | (11) 3641-7446
editoralabrador.com.br

A reprodução de qualquer parte desta obra é ilegal e configura uma apropriação indevida dos direitos intelectuais e patrimoniais da autora. A editora não é responsável pelo conteúdo deste livro. A autora conhece os fatos narrados, pelos quais é responsável, assim como se responsabiliza pelos juízos emitidos.

In memoriam, dedico este livro ao meu avô James Kelso Clark Nunes (Jimmy), por ter sido a pessoa mais extraordinária, encantadora e atenciosa que conheci. Seu interesse por mim e por tudo que fiz, enquanto ele viveu, sempre me emocionou. Sua vontade de viver e de aprender ainda persistia até ao final de sua vida, aos 92 anos.

AGRADECIMENTOS

Toda honra e toda glória ao Arquiteto de tudo o que existe, meu Deus, que, em Sua grandiosidade, ama-nos mesmo que sejamos tão pequenos.

Ao Marcelo, meu amor de todos os dias, agradeço por seu cuidado e apoio, bem como por sua valiosa ajuda na idealização da capa, por sua visão aguçada e cheia de criatividade.

Minha gratidão à Sabrina, ao Lucas e à Marcela, meus maiores e melhores projetos de vida, especialmente à Sabrina, minha filha mais velha, que me presenteou com a ajuda para finalizar este livro e com a alegria que sinto por vê-la participar dele.

Sou grata aos meus pais, Mauro e Sandra, minhas referências de seriedade, amor, fé e amizade. À minha mãe, que leu e releu este livro, e fez suas tão valiosas observações. E ao meu pai, que tem o dom da escrita e me deu o prazer de estar presente aqui, prefaciando o meu livro.

Aos meus irmãos, Mauro e Tiago, o meu agradecimento por fazerem minha vida mais feliz com sua amizade e apoio.

Aos meus colaboradores, agradeço por me darem um grande suporte nos projetos e me ajudarem a acompanhar de perto o sonho dos nossos clientes. De modo especial, à Taysa Cardoso, que, por sua dedicação e competência, apoia-me tanto no escritório que posso realizar outros projetos e desafios; à Tereza Bento, que, com paciência, consegue atender a tantas demandas e à Simone Carvalho, que esteve presente no início deste livro e digitalizou tudo o que escrevi à mão.

Ao Pedro Franco, sou grata por sua contribuição, aceitando participar desta obra tão prontamente.

Agradeço ao Tiago Celedônio, que ajudou a estruturar meu escritório, fazendo a consultoria por dois anos, e por enriquecer este livro.

Sou grata à Rose Lira, que, por meio das nossas conversas, dos nossos cafés, conseguiu orientar e organizar este projeto tão especial para mim que é este livro.

À Izolda Custódio, agradeço por ter atendido a minha solicitação de fazer a revisão final dos textos deste livro e por tê-lo feito com tanta dedicação.

Agradeço a todos os parceiros nos meus projetos, por estarem sempre ao meu lado em toda a minha trajetória profissional e, de modo especial, a Ricardo Callou, Mauro Clark Jr., Luiz Eduardo Fiuza, Wilson Aragão, Janaína Meneses e Lili Meira.

Por fim, meu sincero agradecimento aos meus apoiadores: Enio Dourado, Larissa Maciel, André Rezende, Alexandre Jereissati, Mariana Jereissati, Denise Kacem e Adroaldo Carneiro.

Família completa (da esquerda para a direita): Lucas, Marcela, Susana, Marcelo, Sabrina e Sully, 2020

SUMÁRIO

Prefácio — 9

O que eu não aprendi na faculdade de arquitetura — 13

Toda escolha precisa ser levada a sério — 23

Todo início requer foco — 39

Família, o meu maior projeto — 52

Gestão em arquitetura, um aprendizado constante — 70

Arquitetura humanizada *online* e *offline* — 104

Tempo de reinvenção — 126

Ninguém nasce sendo referência, torna-se uma — 155

Epílogo: O que ensino como arquiteta de interiores — 173

"Pois toda casa é estabelecida por alguém, mas aquele que estabeleceu todas as coisas é Deus"
(Hebreus 3:4)

PREFÁCIO

Não é todo pai que tem a honra de receber o convite de prefaciar o livro de uma filha! Aliás, da filha (além dela, tenho o Mauro Junior e o Tiago).

Pensei em me declarar absolutamente suspeito, destinado a fazer um texto parcial e tendencioso. Porém, como não estou num tribunal e nem há lei que proíba ser pai e coruja ao mesmo tempo, topei.

Comecei a ler o livro, achando que não teria muita novidade para mim, por motivos óbvios. Contudo, enganei-me em parte. Eu não sabia ou haviam me passado despercebidos alguns detalhes da árdua escalada profissional da Susana.

Vendo tudo junto, exposto de maneira organizada e muito bem contado, fiquei impressionado. E — como se fosse possível — ainda mais orgulhoso dessa filha querida e batalhadora (eu preveni que seria tendencioso)!

Além de expressar o meu amor e admiração pela minha filha, achei que poderia dar uma pequenina contribuição a este livro, trazendo à luz dois pontos que eu enxergo, ao fazer valer o meu privilegiado ângulo de visão paterno.

Primeiro. Não é preciso muita perspicácia para perceber que a autora deste livro é uma pessoa extremamente ativa, irrequieta, de personalidade forte, determinada quase ao ponto da obsessão e de garra leonina.

Também não é novidade que muita energia concentrada numa pessoa provavelmente a fará produzir algo que impactará significativamente vidas ao seu redor. Mas... que tipo de impacto? Positivo ou negativo? Bom ou ruim? Ter muita obstinação pode ser uma faca de dois gumes. O mesmo vento que derruba uma casa pode ser utilizado para produzir eletricidade que iluminará a mesma casa. É uma questão de domar o que é forte, canalizar o que está difuso, para poder colher frutos benignos de toda essa energia.

Pois quero registrar que Susana, com grande maestria, soube direcionar muito bem todo o seu imenso vigor na carreira profissional. Basta ler este livro para conferir.

Segundo. Susana falou muito da própria vontade de vencer, da sua garra, dos seus sucessos. E o fez com elegância e propriedade, bem de acordo com o propósito deste trabalho, que é incentivar e servir de exemplo a arquitetos e empreendedores mais novos. Tudo bem. Contudo, ela não falou do próprio caráter. E, obviamente, pelas mais elementares normas da modéstia e do bom senso, não poderia mesmo. Mas eu posso!

Posso porque a conheço de perto, aliás, desde o "zero".

Susana recebeu de Deus a graça de vir ao mundo com um bom caráter. Foi fácil para mim e Sandra transmitirmos a ela as primeiras noções de bem e de mal, do "pode" e do "não pode". Ela absorvia muito rapidamente. Logo cedo mostrou um agudo senso de justiça. E que compreendia perfeitamente o valor da verdade, em contraste com a vileza da mentira e do engano.

Talvez alguns leitores mais argutos e que não a conhecem pessoalmente perceberão a postura correta e digna da Susana nas entrelinhas das suas narrativas sobre o andamento dos negócios. Aliás, isso é testemunhado abertamente por clientes, parceiros e fornecedores.

Termino com uma confidência. No capítulo 4 do seu livro, Susana registrou a alegria de sempre ouvir algum elogio quando dizia que era neta de Jimmy Clark Nunes, um homem extremamente gentil e agradável.

Pois tenho o prazer de testemunhar que, nos últimos anos, eu tenho passado pela mesma experiência... com a própria Susana!

Não conto as vezes, em diversos tipos de situações e lugares, em que bastou dizer que sou o pai da arquiteta Susana Clark Fiuza para um sorriso se abrir e brotarem elogios do seu trabalho e da sua pessoa. Isso é muito, muito gratificante!

Minha filha está de parabéns pela empolgante trajetória profissional, que agora inclui o lançamento deste livro de ótimo padrão literário e qualidade editorial. Você, caro leitor, prepare-se para uma leitura agradável de um livro que, pelas valiosas dicas, pode realmente se tornar uma ferramenta útil no seu trabalho.

Mauro Clark
29 de junho de 2023

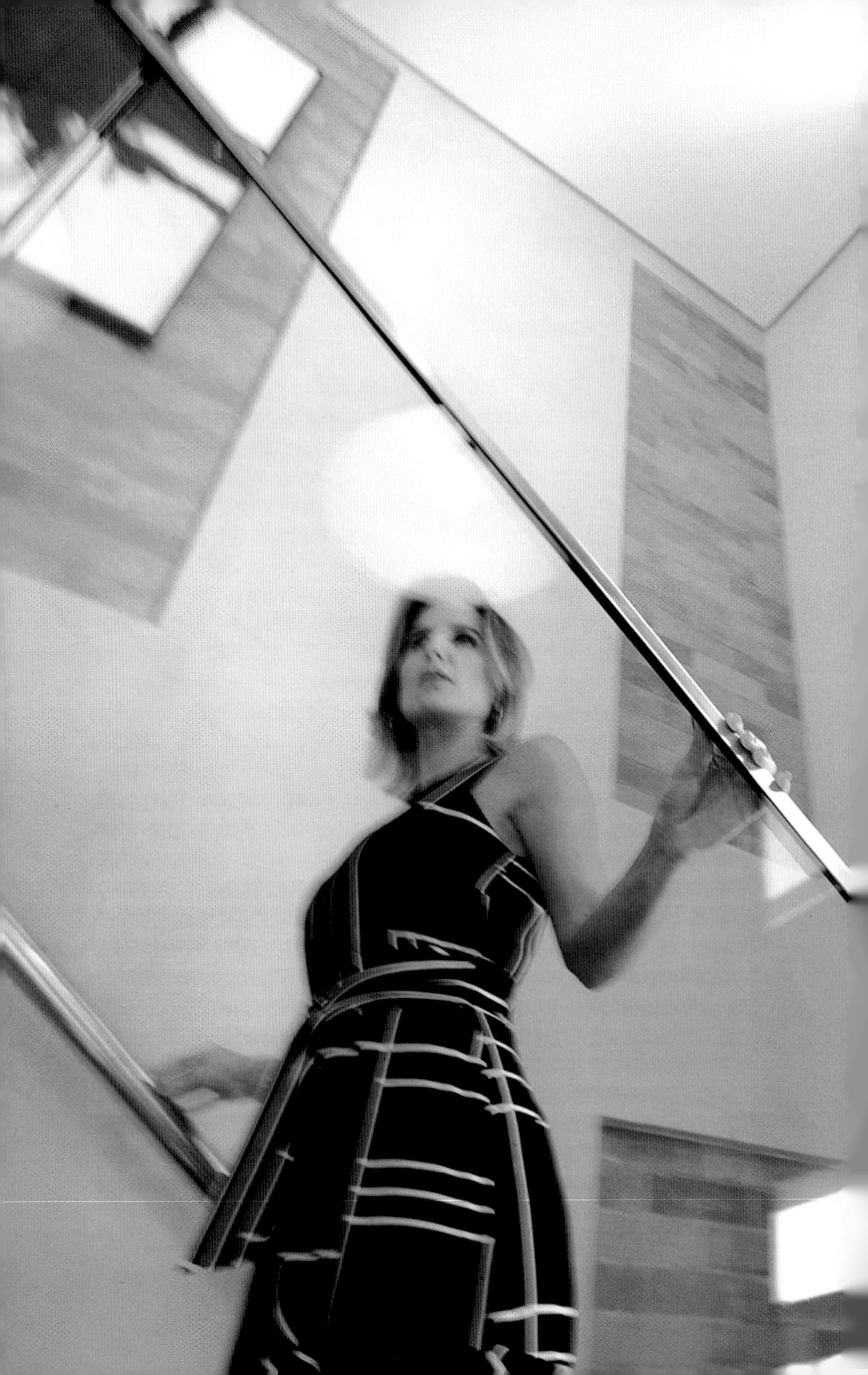

O QUE EU NÃO APRENDI NA FACULDADE DE ARQUITETURA

INTRODUÇÃO

Estou vibrando!

Finalmente estou escrevendo meu livro.

Fico pensando em como a vida nos leva aonde nem imaginamos! Tantas ideias, tantas soluções, tantas formas de viver a arquitetura e, muito mais importante, tantas maneiras diferentes de viver a vida.

Tenho estudado, lido, aprendido e me capacitado como nos tempos de faculdade. Desde 2001 faço o que amo, o que acredito ser o meu grande objetivo profissional. Só tenho a agradecer por cada fase, cada escritório, cada pessoa que colaborou comigo em todos esses anos. Eles deixaram o melhor de si, alcançaram sonhos conosco e, enquanto construíam carreiras e aprendizados, tornamo-nos o que hoje somos no mercado: uma empresa de arquitetura na prática e na vida.

Os desafios são poderosos para nos despertar de um lugar bem confortável e aconchegante que é o comodismo.

Os tempos atuais proporcionam mudanças de cenários a todo momento. A economia sofre ajustes; o setor imobiliário alterna a velocidade, uma hora aquece, outra hora, esfria; e, no meio de tudo isso, na arquitetura, a repressão empreende uma luta de braço com a progressão. Por isso, na atualidade, é preciso repensar a forma de trabalhar, rever a ordem das etapas, simplificar processos, melhorar a gestão e diminuir gastos desnecessários.

Mudanças são ótimas oportunidades para pensar ideias fora da caixa e buscar novas informações em leituras, palestras, cursos, mentorias, consultorias, entre outros. Por isso, senti a necessidade de passar todo o meu processo de aprendizado para você, contar sobre minha transformação de *mindset*, ampliação de horizontes e novas possibilidades.

O objetivo do livro é, por meio da minha história de vida e trajetória profissional, cooperar com o desenvolvimento e amadurecimento de novos arquitetos, estudantes e profissionais de áreas correlacionadas, e ajudá-los na adaptação a tantas mudanças do mercado atual.

O diferencial deste livro é a maneira simples, clara e fácil como passo o meu conhecimento e a minha experiência. Sem rodeios e com transparência, tenho superado desafios pessoais e profissionais.

É preciso rever o que aprendemos a fazer por tantos anos e reaprender, com a nova geração, a tomar partido da tecnologia que surge com toda força e a viver o futuro hoje!

Quando o consumidor muda sua forma de pensar e agir, a forma de entregar o produto também precisa ser transformada. Mudanças sempre existiram, porém, hoje, elas acontecem numa velocidade bem maior. Aqueles que nasceram a partir do ano 2000 já encontraram um cenário muito diferente. A impressão que deixam é a de que vieram com um chip "de fábrica" e não precisam ser ensinadas sobre esse novo universo que desponta; elas já nasceram sabendo.

A geração *millennials* quer mais experiências do que bens materiais; tem acesso a mais informações e pesquisas, antes de adquirir qualquer produto ou serviço. Os dessa geração querem ser mais autênticos, gostam de velocidade e praticidade e amam fazer parte do processo.

Precisamos nos adaptar e saber vender para esse público que está amadurecendo, consumindo com responsabilidade, ensinando, estudando… Afinal, são eles os novos clientes em potencial.

REAPRENDER: ESSA É A PALAVRA DA VEZ!

Quero compartilhar com você minhas experiências e meus processos de mudança e amadurecimento, assim como minha busca por livros e saberes, incluindo assuntos diversos, transversais e complementares à arquitetura.

Sinto que essa fase da minha vida me ajudou mais ainda na mudança de *mindset*, ou seja, mudança na forma de pensar, agir e reagir. Foi preciso quebrar velhas ideias e paradigmas das formas tradicionais de fazer e entregar um projeto e, assim, reaprender a lidar com o novo cliente no mercado, acompanhando essas adaptações.

Segundo o *Institute For The Future*, mais da metade dos empregos das próximas décadas ainda não foram criados.

As informações sobre o futuro podem nos angustiar, mas fazer parte dele e unir a criatividade e a tecnologia ao nosso favor é uma escolha.

O meu convite é para sermos agentes dessas mudanças e não nos limitarmos a vê-las acontecerem. O futuro já começou. A história nos mostra que podemos aprender com tudo o que já foi vivido e abrir nossa cabeça para o que chegou e o que vem por aí! Acredito que, quando passamos por mudanças, ficamos mais fortes, mais confiantes e bem mais experientes.

Como o mercado de arquitetura mudou muito desde 1996, desejo, por meio da minha experiência de vida, cooperar com a arquitetura de hoje e com os futuros arquitetos. Desejo mostrar que o processo que vivi pode ajudar você que inicia (ou está em momento de reinvenção) a já começar de uma forma nova, reduzindo a distância entre a tentativa e o alcance dos objetivos.

A melhor forma de vermos o futuro é entendendo o passado. Por isso, analiso e procuro aprender com tudo o que já vivi na arquitetura e na vida. Isso me ajuda a acompanhar o novo mundo. Viajar para o passado é espetacular, é lembrar das tantas etapas marcantes — nem sempre fáceis, mas, em sua maioria, necessárias.

Para vocês que fazem parte dessa nova geração: não existe atalho para o crescimento saudável. Assim como uma criança precisa viver cada fase, nós precisamos

Ouvidor,
2020

passar por cada dificuldade e aprender a superar com força, coragem e determinação. Não concordo com o pensamento de só fazer o que me faz feliz. Na maioria das vezes, o caminho correto a ser percorrido é o mais difícil, o mais doloroso. Mas o final é gratificante.

Acredito na importância de valores pessoais de ética, respeito e verdade. Sei que nem sempre é fácil permanecer nesses pilares ou ficar feliz durante os desafios, mas escolher o que é certo e justo nos dá um bom sono ao final do dia.

No primeiro capítulo, falo do começo da minha paixão por arquitetura, meu aprimoramento nas técnicas de desenho e meu ingresso na faculdade, a fim de afirmar (ou reafirmar) a minha vocação e facilitar as decisões quanto à arquitetura.

No segundo capítulo, retrato o início da implantação do meu escritório: os vários papéis que precisamos aprender na prática, desde a gestão de pessoas até aos setores financeiro e administrativo, além das minhas experiências relacionadas à CASACOR.

O terceiro e o quarto capítulo mostram o início da minha família e, alguns anos depois, o papel de mãe e arquiteta — em busca do equilíbrio. A mãe e mulher de um lado e, do outro, o crescimento constante da equipe, a constituição de uma empresa, a formação, gestão e o acompanhamento da sala técnica, a contratação de arquitetos e coordenadores. Além de consultoria para o profissionalismo, precificação e planilhas financeiras. Uma inspiração para balancear o pessoal e o profissional.

A felicidade é a consequência de um trabalho bem-feito. A recompensa vem no final. Não ter pressa em alcançá-la nos trará mais consistência.

No quinto capítulo, abordo os relacionamentos com parceiros da área, lojistas e outros profissionais afins. Falo sobre como e por que estar presente nos eventos, investir nos parceiros, ajudá-los, saber pedir ajuda quando necessário, como e por que ampliar os relacionamentos por meio das mídias sociais, e ainda sobre o marketing na arquitetura e a riqueza do produto digital.

Por fim, e não menos importante, nos últimos capítulos, abordo a necessidade de trabalhar com arquitetura, de forma geral, com paixão, empenho e muito esforço. Isso significa entender como ser profissional e cuidar de todo o processo; como embalar e entregar cada projeto e serviço. Uma nova arquitetura nos espera!

Que nós, arquitetos cheios de criatividade e ideias, possamos usar a nosso favor a tecnologia, tudo que o presente nos proporciona e o que o futuro nos inspira, sem deixar que a nossa essência de buscar o melhor para o mundo se perca no caminho.

Início do projeto Oba! Obra, 2019

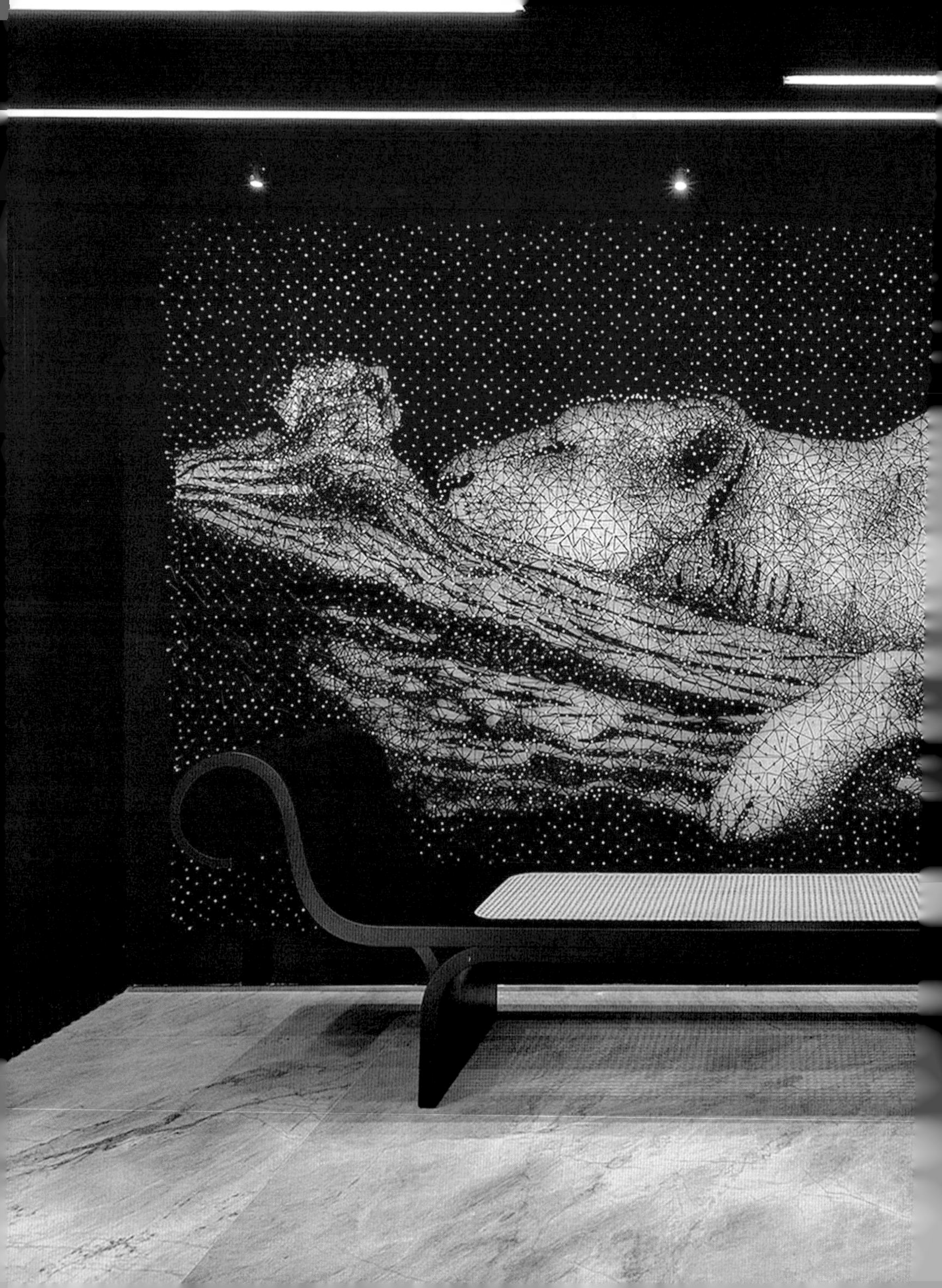

TODA ESCOLHA PRECISA SER LEVADA A SÉRIO

CAPÍTULO 1

*As escolhas que envolvem
o profissional de arquitetura*

"A vida é a soma das suas escolhas."
Albert Camus, escritor, jornalista e dramaturgo

Minha educação foi muito positiva para meus estudos. Desde cedo, aprendi a importância de fazer o que é certo da melhor forma possível.

No colégio, eu não era a primeira da sala, mas era uma das melhores alunas. Não recebia muita pressão dos meus pais, eu mesma me cobrava para ser uma boa estudante e me empenhar. E a consequência era tirar boas notas constantemente.

No terceiro ano do ensino médio, fiz um teste e ganhei uma bolsa de estudos na turma especial de outra escola. Naquele ano, foquei totalmente nos estudos e me tornei líder de sala. Foi o ano estudantil mais animado da minha vida.

Por ser uma turma selecionada, os professores eram muito bons e aprofundavam a matéria mais que o normal. Éramos de vários colégios e estávamos lá determinados a passar no vestibular. Esse era meu objetivo e fiz tudo ao meu alcance para atingi-lo.

Apesar do alto nível dos meus colegas, a sala era bem alegre e divertida. De uma forma mais leve do que tinha imaginado — e mesmo com a pressão interna —,

Susana em obra, 2019

nós conseguimos! Os primeiros lugares de medicina nas faculdades mais disputadas do país foram da minha sala.

Cheguei, nesse ano decisivo, com a certeza de que queria fazer arquitetura, desejo meu desde a adolescência. Com um pai engenheiro, meu contato com a construção deu-se cedo. Quando eu era criança, ele comprou um grande terreno e construiu uma casa para nossa família. Assim que ela ficou pronta, nós nos mudamos, mas o restante dos espaços, como deque e piscina, foram sendo construídos aos poucos. Isso me fez passar tardes acompanhando o trabalho dos pedreiros, pintores e eletricistas, aprendendo e apreciando a obra e todo o seu processo.

Meu pai me levava para ver as casas sendo construídas, o que fez meu interesse pela arquitetura aumentar. Nessa época, eu já gostava de desenhar e me imaginava trabalhando com isso. Então, desde cedo, levei a sério minha aptidão para essa área.

Pode ser muito difícil escolher qual curso universitário fazer. E, como as opções têm se multiplicado com o tempo, essa dificuldade tem aumentado. Então, como ter certeza da escolha quando chega a hora?

Esse assunto é de extrema importância. Procrastinação é uma tendência do ser humano e só nos leva a adiar assuntos importantes e evitar resolver conflitos ou temas que nos incomodam.

Sugiro que invistam em conversas, leituras e estudos das diferentes profissões que lhes causem simpatia. Quanto maior é o conhecimento de como é o dia a dia da profissão, quais as opções de trabalhos e os tipos de empregos na área, mais os pensamentos vão clareando e se concretizando.

Utilizar as férias para fazer cursos e conhecer, na prática, como funciona o dia a dia da profissão pretendida ajuda a definir melhor em qual formação acadêmica investir.

Ainda no segundo ano do ensino médio, procurei um bom curso de desenho, porque, antes da prova escrita do vestibular, tinha um teste de aptidão. Ele consistia em um desenho técnico, sendo necessário ter uma boa visão espacial e certa experiência em desenhos tridimensionais.

Comecei a fazer o curso do Eneas Botelho, considerado o melhor, e tive o prazer de ser ensinada por esse grande arquiteto. No início foi muito difícil, sempre saía com dor de cabeça e cansada por tentar ter a tal visão espacial. Mas, a partir da prática, desenhar foi se tornando um lazer, e eu esperava ansiosamente por essas tardes. Passei mais de um ano nesse curso e não queria mais sair dele.

Em 1995, só existiam vinte vagas para o curso de arquitetura em todo o estado. E somente na Universidade Federal do Ceará. Estudar pouco não era opção para mim.

Aos dezessete anos, estava indo para a minha primeira aula como universitária. Muita alegria e sensação de dever cumprido com sucesso, suor e muito estudo! Ali estava uma menina com pouca experiência, mas muita vontade de aprender. Cada matéria confirmava minha vocação e, por isso, dedicava-me a todas elas cada vez mais, tanto às teóricas quanto às manuais.

No terceiro semestre, senti a necessidade de fazer o curso de Autocad e, lentamente, comecei a desenvolver projetos no computador. Sabia que era crescente o uso desse programa, mas gostava de desenhar à mão e ainda fiz os primeiros Projetos Arquitetônicos (PA) dessa forma. Eu adorava minha prancheta!

Em meados de 1997, um rapaz alto, moreno, lindo quis me conhecer assim que me viu. Estávamos no casamento de um amigo em comum e, antes de ele se aproximar, procurou saber quem eu era e o que eu fazia. Para me impressionar, começou o assunto falando que adorava arquitetura, que já tinha trabalhado na área de computação no maior escritório da época, o Luiz Fiuza Arquitetos Associados — tio dele. O rapaz ficou mais atraente ainda e fazia meus olhos brilharem, ao falar de programas técnicos, estágio etc. Meses depois, começamos a namorar, e, lógico, ele abriu o caminho para meu primeiro estágio. Mas, antes de começar a trabalhar em ambientação, queria ter uma experiência na área de vendas.

Vender o quê? Qualquer coisa! O importante é saber vender. Saber contagiar, saber influenciar e ser confiável. Saber comunicar da forma correta, passando conhecimento e encantamento com o produto, seja ele qual for.

Ao mesmo tempo, não queria atrapalhar em nada a faculdade e nem pular nenhuma etapa necessária. Aproveitei as férias de julho e mandei meu primeiro currículo, sem nenhuma experiência, para algumas lojas de moda em um shopping. Deu certo! Trabalhei quarenta dias em uma loja bem famosa de roupas para jovens. Ela vendia tanto que, às vezes, precisávamos organizar os clientes em fila na porta da loja.

Algumas vezes, cheguei a sair quase à meia-noite porque, depois que o shopping fechava, tínhamos que arrumar tudo; durante as vendas, não dava tempo de fazer isso devido ao movimento intenso.

Foi uma experiência fantástica, e adorei vender! Dos treze vendedores, eu e outra novata fomos as que venderam mais. Ganhamos até um bônus por isso. Foi um valor alto que me ajudou, mais tarde, a comprar meu primeiro carro.

Era tentador aceitar o convite de continuar trabalhando lá, mesmo depois do reinício das aulas. Precisava juntar meu dinheiro e tinha descoberto o quanto gostava de vender. Mas o meu produto não era roupa, e sim projetos!

Aprecio ser uma formadora de opinião, mostrar aos outros as vantagens e os benefícios de determinada coisa, basear meu poder de contágio em dados, informações corretas e... pronto, venda feita!

CASACOR
CEARÁ 2018 -
ESPAÇO MOTA
MACHADO 50
ANOS

É uma sensação maravilhosa. Mas, se não temos essa capacidade nata, aprender a vender é possível. Digo mais: é essencial para um arquiteto de sucesso.

A experiência que vivi por lá também me ajudou um pouco a melhorar minha forma de me vestir. Minha mãe nasceu linda e não precisava de muita coisa para continuar assim. Então, não valorizava muito roupas. Portanto, vestíamo-nos de forma simples, básica.

No meio profissional do design, a nossa apresentação pessoal é muito importante. Inconscientemente, nós mostramos muito do que somos pela forma como nos vestimos e nos comportamos. Quanto a mim, entendi que precisava passar confiança, bom gosto e sofisticação.

O modo como falamos, o tom da voz, o nosso cuidado em nos apresentarmos bem precisam fazer sentido e ter coerência, pois até um aperto de mão comunica!

Porém, meu objetivo a longo prazo não me deixou continuar na loja. Dinheiro não era o mais importante naquele momento, e sim o aprendizado. Há tempo para tudo! Após a volta às aulas, fui estagiar, recebendo um quinto do valor que ganhava na loja.

Não sabermos aonde queremos chegar dificulta muito acertar nas decisões. Ao longo da vida, aparecem diversas oportunidades, muitas vezes atrativas ao primeiro olhar. Mas, se não se encaixarem no nosso objetivo maior, elas só vão servir para nos distanciar do nosso foco.

Luiz e Ione Fiuza, tios do meu então namorado, tinham um dos maiores escritórios de arquitetura da época. Trabalhar com a Ione na área de interiores foi um desafio maravilhoso. A equipe era ótima, e os projetos bem sofisticados, modernos e atualizados. Ela ia sempre à feira de móveis, em Milão, e trazia muitas referências das viagens. Achei importante ter aprendido a fazer os detalhamentos e as perspectivas à mão, na prancheta. Adoro essa escola antiga e tudo o que a envolve: papel vegetal, lapiseira, nanquim, esquadro, canetinhas etc. Até hoje, não projeto no computador. Quem não passou por essa escola precisa descobrir como é terapêutica e prazerosa a arte do desenho à mão.

No sexto semestre, tinha estagiado por dez meses. Como não tínhamos disciplina de interiores na faculdade, foi no estágio que aprendi a projetar espaços internos e móveis. Com a base da arquitetura e a lógica das matérias exatas, meu olhar também ficou aguçado para o design e a decoração.

Acho muito relevante o tempo e a experiência proporcionados por um escritório. É onde aprendemos o andamento do negócio, as etapas de apresentação e detalhamento de um projeto. Ali podemos ver, na prática, o que estudamos e podemos educar nossos olhos e nossa criatividade para estarem sempre atentos.

Depois de alguns meses, saí do estágio e comecei a fazer projetos de ambientação por conta própria. Porém, não acho que foi o ideal estagiar em um único escritório e por tão pouco tempo. Por favor, não façam isso!

Minha primeira cliente: minha tia Eliane, que me chamou para projetar o quarto da filha que estava voltando de uma pós-graduação em Londres. Foi maravilhoso! O primeiro projeto a gente nunca esquece. Foi o primeiro de muitos. Depois desse, fiz o projeto do apartamento dela e, depois, da outra filha, do filho, e assim foi. Iniciei com a própria família.

É válido, para a preparação de um arquiteto, conhecer vários escritórios e acompanhar maneiras diferentes de desenvolver e pensar um projeto.

Tive meu grande aprendizado conhecendo projetos, lendo revistas e livros, visitando mostras de decoração, viajando e acompanhando todas as novidades. Gostava muito de ir às lojas, aprender com os vendedores mais experientes e visitar fábricas. Ia muito às marcenarias, para acompanhar a execução dos meus projetos, e gostava de conversar com os marceneiros. Eu tirava as dúvidas deles, e eles, as minhas. Queria entender todo o processo de fabricação, o que era mais importante para eles no detalhamento e quais as maiores dificuldades que eles sentiam.

No dia 14 de agosto de 1999, aquele moreno alto e lindo tornou-se meu marido. Foi rápido, mas foi ótimo! A diferença de idade acelerou um pouco: eu tinha 19, e Marcelo, 26. Como nas outras áreas da minha vida, sabia o que queria e aceitei entrar nessa grande aventura que é o casamento. Com riscos e desafios, mas com a certeza de querer pagar o preço e fazer dar certo. Com a ajuda e a benção de Deus, sem tirar os olhos da vontade d'Ele.

Casamento Susana e Marcelo, 14 de agosto de 1999

Nós nos casamos ao pôr do sol, pertinho do mar, pelo pastor da nossa igreja. Que pastor! Meu pai! Que emoção ser casada pelo meu pai e ouvir dele que agora eu seria a Sra. Susana Clark Fiuza.

Estava no oitavo semestre do curso universitário e, além de estudar e fazer meus projetos, tinha que organizar e cuidar do nosso cantinho. Só tive o prazer de fazer um projeto para o nosso apartamento depois de alguns anos. Não tínhamos muitos móveis, só uma parede laranja na sala e algumas caixas de papelão que serviam de apoio ao sofá. Não precisávamos de mais do que isso para sermos felizes.

Desde cedo, pensei que a criação era do que mais gostava, portanto essa seria a minha parte. Para o trabalho dos detalhamentos (colocar cotas, ampliar cortes etc.), eu contratava colegas de sala.

Já mais madura, ia de carro para a faculdade, e de lá marcava reuniões com os clientes e visitas às obras. Fiz vários flats na Beira-mar, e alguns deles foram colocados no jornal, a principal mídia da época.

Em meio a tanto trabalho e aprovações recebidas dos clientes, percebi que conseguiria montar um escritório assim que me formasse. E ainda teria que contar com uma equipe, tamanha era a demanda.

Chegou o último semestre da faculdade, o tão esperado Projeto de Graduação (PG). Eu me senti um pouco nervosa, porque achei que tinha me dedicado mais ao trabalho do que à faculdade. Contudo, o desejo de criar, desenvolver e ver minhas ideias tomando forma foi maior.

Tinha certeza do que queria. Certo professor perguntou à classe onde desejaríamos estar em dez anos, e eu sabia bem a resposta.

Ao mesmo tempo em que não via a hora de me formar, já batia uma saudade dos estudos e da faculdade; um sentimento de perda estava chegando. Sentia saudades dos anos tão espe-

Apresentação do Projeto de Graduação 2001, com Roberto Castelo

ciais em que ainda podíamos testar, errar, tentar de novo... quando a responsabilidade não era tão grande e a convivência com os amigos e os estudos enriquecia a nossa vida.

Comecei a procurar uma sala comercial para montar meu primeiro escritório e resolvi levar bastante a sério e dar tudo de mim no meu PG da faculdade.

Quis fazer o projeto com o professor mais antigo da época, grande arquiteto, homem calmo e experiente, cujo amor pela arquitetura chamava minha atenção: Roberto Castelo. Eu sabia que ele era exigente e me cobraria bastante, mas iria me orientar como eu gostaria. Foi inesquecível aquele semestre.

Resolvi projetar um resort, um complexo hoteleiro, no terreno do meu sogro. No futuro, ele queria vender o terreno para esse fim.

Estudei muito, e cada aula era muito esperada, com muito material e leituras sobre o assunto. O professor me passou vários livros para ler e, a cada reunião, eu o enchia de perguntas. Cobrava mais dele do que ele de mim.

Nunca me esqueci de seu carinho e sua admiração pela minha dedicação! Ele comentava:

— Você é uma executiva, menina!

Chegando perto do final do semestre, fui contratada para vários projetos de ambientação bem desafiadores e, depois de analisar muito, resolvi adiar o meu PG em alguns meses.

O lado financeiro também "pesou", porque estava montando minha sala em um prédio novo, muito bom, com meus próprios recursos. E queria que ficasse perfeito.

À MINHA ESQUERDA, MAURO JR., E, À DIREITA, TIAGO CLARK, NA MINHA FORMATURA NA UNIVERSIDADE FEDERAL DO CEARÁ, 2001.

Meu PG tinha um nível bem profissional, porque contei com a ajuda do meu marido para a parte visual e logomarca. Sua experiência e criatividade (ele tinha uma agência de publicidade na época) enriqueceram bastante meu projeto.

Todo esforço valeu a pena. O dia da apresentação foi marcante. Pena que na época não soube lidar com o nervosismo e não deixei meus pais nem meus sogros comparecerem. Mas o Roberto me acalmava, dizendo:

— Susana, você enche toda a sala. Relaxe e explique tudo o que você construiu nesse processo.

Para sua frustração, minha nota foi 9,9. Para mim, foi 10 — pois dei o meu melhor.

LEIA COMIGO

Em meio aos muitos desafios dados pelo meu orientador, um deles foi ler o livro do arquiteto João Filgueiras Lima, Lelé: *Arquitetos Brasileiros*. Dentre vários de seus projetos, destaca-se a rede Sarah, de hospitais, na qual a racionalidade construtiva, a funcionalidade espacial e a preocupação com os recursos naturais estão aliadas de forma criativa.

Fiquei encantada com a possibilidade de a arquitetura trazer ventilação e iluminação natural aos espaços. Lelé criou prédios inteligentes e agradáveis às pessoas que passavam tanto tempo em recuperação.

LATORRACA, Giancarlo. *João Filgueiras Lima, Lelé*. Série Arquitetos Brasileiros. São Paulo: Blau, Instituto Lina Bo e P.M. Bardi, 2000.

DEVEMOS APRENDER NOVAS FERRAMENTAS, MAS É IMPORTANTE DEFINIRMOS AQUELA COM A QUAL MAIS NOS IDENTIFICAMOS.

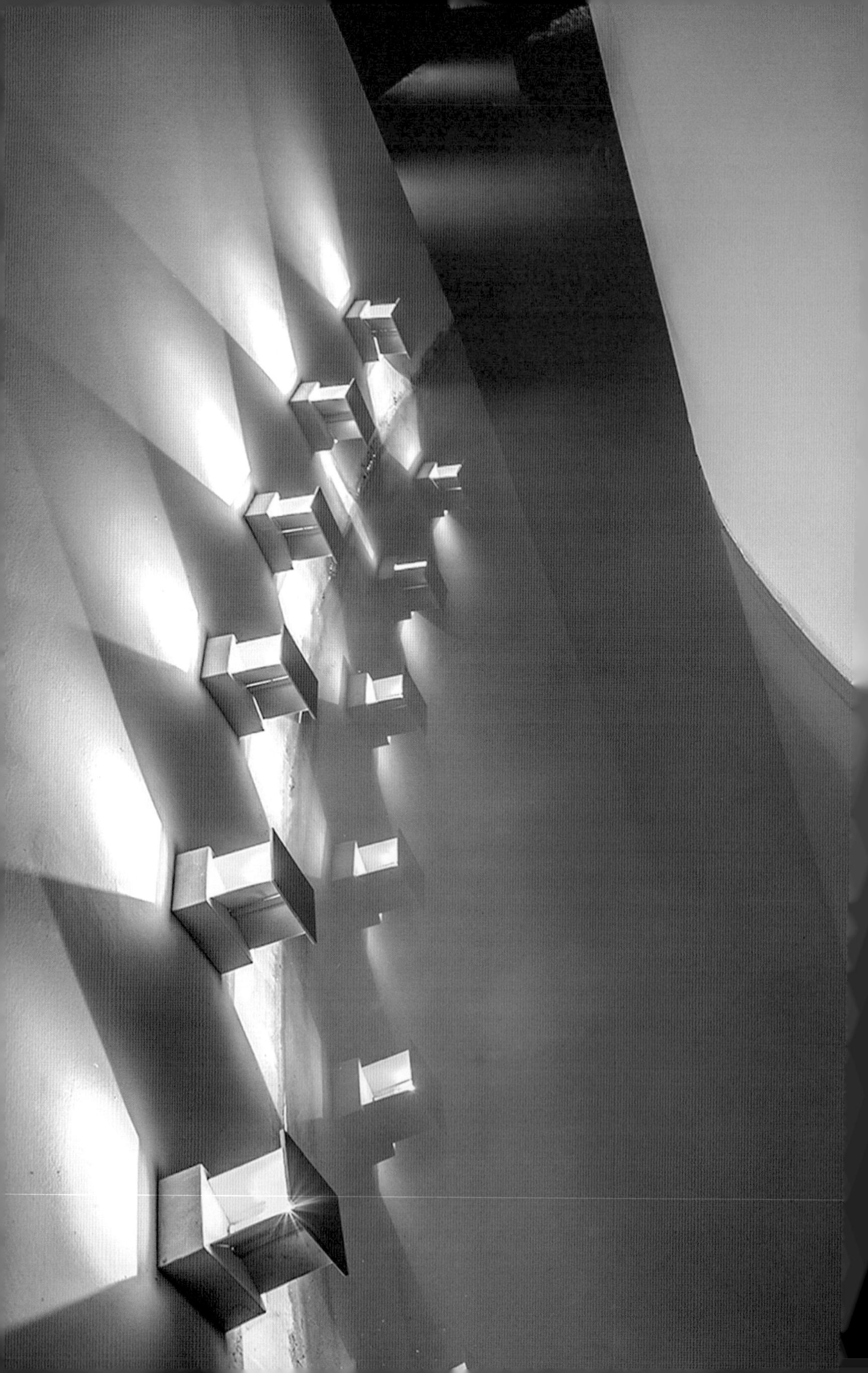

TODO INÍCIO REQUER FOCO

CAPÍTULO 2

Os muitos perfis de um arquiteto em início de carreira

"A melhor maneira de prever o futuro é criá-lo."
Peter Drucker, consultor e escritor

Muita alegria, empolgação e energia para começar essa nova e sonhada fase! Agora eu era uma arquiteta com responsabilidades e compromissos — e tinha uma sala esperando por mim.

Ela era bem localizada em um novo prédio comercial, com shopping embaixo. Projetei-a, acreditando que não ia demorar a crescer. Ela se dividia em três espaços: recepção, com mesa para secretária; acomodação para cinco pessoas na sala técnica; e a minha sala, que possuía uma mesa para reuniões.

Usei os recursos financeiros que tinha, mas ainda não eram o suficiente para decorar o ambiente como eu gostaria. Então, fiz imagens do meu projeto ideal e consegui parceria com empresas que acreditaram em mim e sabiam que o escritório de um arquiteto é uma vitrine (e, portanto, certamente teriam retorno com isso).

O início não foi tão difícil porque já tinha meus clientes. Mesmo antes de me formar, eu tinha projetos publicados em revistas e sempre divulgava para as pessoas próximas. Tinha certeza de que o futuro me esperava. E estava ansiosa para começar.

Nunca passou pela minha cabeça que não daria certo. Fazia meu trabalho com confiança e muita seriedade. Se eu precisava aprender alguma coisa, corria atrás e me informava. Eu me vestia com roupas mais clássicas, como uma executiva, posição pela qual eu ansiava.

Eu investia em cada detalhe para encantar meu cliente. A papelaria era toda preparada de acordo com as cores e a proposta da logomarca, papel timbrado, cartão de visita e folder. Por menor que fosse, sempre tinha um portfólio com meus melhores projetos de apartamentos decorados e lojas. No escritório, servia lanches gostosos e dava presentes aos clientes nas datas comemorativas.

Projetos bem apresentados, em grandes formatos e com um bom visual, passam confiança e profissionalismo para quem os recebe. Bons materiais encantam e demonstram seriedade e segurança ao cliente.

Afinal, ele pode estar temeroso em contratar uma arquiteta recém-formada. Pense bem nisso! Para uns, isso é despesa; para outros, é investimento.

No início da carreira, o arquiteto precisa desempenhar diversos papéis. O número reduzido de clientes e o tamanho pequeno dos projetos (além de sua inconstância) fazem com que a contratação de colaboradores se dê de forma gradativa, de acordo com a necessidade.

Iniciei a administração do escritório de uma forma bem simples e intuitiva. Eu mesma agendava as reuniões, fazia as propostas, criava os projetos, passava para os desenhistas e, depois, corrigia-os.

Desenhava as perspectivas em nanquim, à mão, em papel vegetal e pintava com lápis de cor. Adorava! Uma verdadeira terapia.

Ia a todas as obras e acompanhava os clientes nas lojas; arrumava sozinha os espaços e não perdia uma oportunidade de finalizar e fotografar!

Com pouco tempo de escritório, comecei a fazer projetos para a WR Engenharia, que estava começando a construir em Fortaleza. Essa empresa tornou-se uma grande parceira e fez parte de toda a minha trajetória profissional. Foi lá que fiz meu primeiro projeto comercial: um apartamento decorado, com 60 m². Parecia uma casinha de boneca!

Depois disso, comecei a oferecer consultoria para as áreas comuns. Na época, a WR não tinha projeto de ambientação, e eu ajudava a escolher todas as cores das paredes internas, fachadas... e apoiava os engenheiros com a escolha dos acabamentos.

Alguns anos depois, começamos a fazer projetos completos das áreas comuns, antes mesmo de o empreendimento ser lançado no mercado. Participo até hoje de todas as etapas do processo, inclusive da escolha do nome, do logotipo e até das alterações nas plantas dos apartamentos — buscando, sempre, a visão do morador e pensando no melhor aproveitamento dos móveis.

Não sei se outro arquiteto gosta de gestão financeira, mas, para mim, é a pior parte. Porém, como não podemos fazer apenas o que gostamos, precisamos encarar! Fazia todos os pagamentos, guardava em uma pasta, organizando por mês, e fazia o controle do que entrava e saía. Abri logo uma conta na agência bancária na frente do escritório e, assim, não perdia muito tempo com isso.

Desde cedo, tinha o ímpeto de não esperar as coisas acontecerem. Determinada, meu objetivo era ter um grande escritório, bem estruturado e organizado. Para isso, é muito importante o processo de aprendizagem, de amadurecimento.

O que você tem em suas mãos? Use! Tire partido do que você pode e arregace as mangas. Use sua criatividade para mostrar seu trabalho e suas ideias. Explore! Essa é a minha sugestão.

É necessário fazer de tudo um pouco: aprender todos os papéis; analisar a melhor forma de criar e apresentar; entender como o processo ajuda a esclarecer as informações; passar os dados do projeto, de forma objetiva, para as empresas que vão executá-lo.

Com o tempo, essa centralização precisa se transformar na capacidade de ensinar e delegar. Fazer cursos sobre gestão, marketing e finanças é de extrema importância; eu amo! É essencial uma visão mais ampla e mais empresarial para servir de base para o desenvolvimento do escritório.

A visão precisa ser ampliada e descentralizada para que o crescimento aconteça. Os colaboradores devem ser treinados, alcançando níveis maiores de responsabilidade, tanto no escritório como em finalização de espaços. Em outro capítulo, falarei mais sobre a arte de delegar.

Desempenhava todos esses papéis procurando bom senso, pedindo ajuda ao meu marido — que é formado em administração — e aprendendo na prática. Mas, hoje, se pudesse voltar no tempo, dedicaria mais tempo à leitura e a cursos que complementassem a arquitetura. É preciso muito mais do que saber projetar para ter sucesso nessa carreira.

> **LEIA COMIGO**
>
> Deixo aqui uma dica de livro que me ajudou a entrar no universo das palestras. Um guia para interagir com o público por meio de palestras inesquecíveis, com uma perspectiva humana: *Ted Talks: o guia oficial do TED para falar em público*, de Chris Anderson. Publicado pela Intrínseca em 2016.

PARTICIPAÇÃO NA CASACOR

CASACOR. Será que consigo transmitir tudo o que essa palavra representa para mim? Bem, vou tentar. Ela significava, desde a época de estudante, uma paixão antiga, um encantamento, um sonho a ser alcançado.

O sonho se realizou rápido. No ano seguinte à minha formatura, fui convidada a participar, pela primeira vez, da CASACOR Ceará 2002. Foi muita emoção, frio na barriga e dúvidas: quanto ao espaço, como funcionava, de onde eu tiraria o dinheiro para aquilo etc.

Bem, não preciso dizer que coragem não faltou! Nem determinação, paixão e muito trabalho.

Não queria um espaço pequeno e sem visibilidade. Nem queria dividir espaço com outro profissional. Como eu mostraria minhas ideias, meu potencial?

Meu marido preocupou-se logo com o valor:

Minha primeira CASACOR, Suíte do Bebê, 2002

— Como vai pagar? Será que você vai conseguir parcerias para fazer tudo isso? Não seria melhor um espaço pequeno, mais fácil e com um custo mais acessível?

— Não! Não se preocupe com isso. Vai dar tudo certo.

E deu.

Escolhi a Suíte do Bebê — um ambiente grande, com copa acoplada, casinha de boneca, sofá e tudo a que tinha direito!

A empolgação era tanta que fui a primeira a entregar o espaço. Fiz tudo nos mínimos detalhes e não deixei faltar nada.

Fiz folder e cartão de visitas (pois é, não existiam redes sociais e nem Google, naquela época).

E o dinheiro? Não precisei muito dele. Só para pagar o espaço, que dividi em algumas parcelas e o escritório pôde bancar. Era muito caro, para mim, na época, mas a minha empolgação contagiava e, mesmo tão nova, ainda desconhecida, várias empresas compraram a ideia e aceitaram executar o espaço.

Lembram da construtora do meu coração, WR Engenharia? Ela executou a obra civil da suíte. A marcenaria que trabalhava comigo investiu bastante, e todos os que convidei concretizaram as ideias. E o resultado? Foi premiado como o segundo ambiente mais votado pelo público. Muita emoção!

A partir daí, a exposição do meu trabalho só aumentou.

Sempre acreditei no marketing. Ser uma boa profissional e ninguém me conhecer não fazia sentido para mim.

Desde cedo, já me organizava para visitar a CASACOR de São Paulo todo ano. Os recursos não eram fáceis, mas, para mim, era questão de prioridade. Sabia os nomes dos arquitetos que mais chamavam minha atenção, identificava seus estilos e acompanhava o trabalho deles em revistas e livros de arquitetura.

Com o passar dos anos, pude conhecer essa mostra em outras capitais, como Rio de Janeiro e

Recife — e até em outros países, como a CASACOR do Chile. Foram experiências muito ricas, observando diversas formas de entender o design, a arte e a visão arquitetônica.

A arquitetura sempre me emociona, e conhecer novos locais me encanta. É um prazer conciliar viagens de feiras e mostras. A viagem, em si, já é uma grande oportunidade para enxergar tudo e fixar esse olhar no belo, no eficiente e na forma de usar cada espaço. Todavia, ela se torna inesquecível quando nos convida a viver vários papéis.

Quem sou eu? Aonde quero chegar? Pode ser difícil ter planos traçados assim que nos formamos. Mas acredito que o período da faculdade é o ideal para amadurecer e traçar objetivos. É o momento para testar, estagiar em áreas diferentes e, com isso, enxergar com mais clareza o que queremos para o nosso futuro profissional.

A faculdade ensina a base, a parte técnica e teórica da profissão, mas os estágios mostram como funcionam os processos, o mercado e a dinâmica do escritório.

Quando pensamos em arquitetura, o que vem à mente são projetos de prédios, casas ou design de interiores. Mas vejo um campo vasto em várias áreas, com muita demanda em todas elas. Paisagismo, design de móveis, design de produtos, iluminação, artes em pinturas e esculturas etc.

O autoconhecimento é de extrema importância para você saber onde vai se enquadrar melhor. O dia a dia de um escritório de arquitetura envolve muito mais do que gostar de criar projetos. Exige muita resiliência, determinação, adaptabilidade e habilidade em se relacionar com pessoas. Na faculdade, não aprendemos a ser empresários, gerir um escritório, liderar pessoas ou estruturar financeiramente uma empresa. São habilidades que precisam ser desenvolvidas na prática.

Para mim, uma das mais importantes é sobre administrar os problemas de uma forma que não atrapalhe sua saúde. Ter clareza e certa "frieza" para tomar as decisões adequadas, sem deixar a emoção atrapalhar.

Você já deve ter ouvido falar em como teria sido bom se tivéssemos tido maturidade e percepção aguçada quando éramos novos, cheios de energia. Estou escrevendo o que aprendi nesses quase trinta anos, juntando a faculdade com a vida profissional, para ajudá-lo a planejar melhor a sua trajetória; a fazer você parar um pouco e analisar, escrever e projetar seu futuro na arquitetura.

Se você não planejar, como vai traçar as suas metas? Como vai saber se está no caminho certo? Sem um plano, você será como um barco à deriva, sem ter ninguém no comando. Ele vai aonde o vento soprar. Complicado, não acha?

Você acredita realmente que tem o potencial de aprender qualquer coisa? Cada um tem aptidões diferentes, mas podemos desenvolver diversas habilidades com esforço e determinação. Comece por seus pontos fortes, reconhecendo onde tem facilidade e maior interesse. Treine seu olhar para reconhecê-los. Fazer aquilo do que se gosta proporcionará mais felicidade e realização, tornando-se mais fácil suportar os inúmeros desafios que surgem no caminho.

Tente visualizar você trabalhando com o que mais ama. Como seria? Qual o tamanho da empresa que quer ter? Em qual área gostaria de se especializar? Quanto quer ganhar por mês? Quantas horas por dia pretende trabalhar? Um grande amigo e empresário me falou que você cresce tanto quanto aguenta administrar problemas. Quanto mais o tempo passa, mais vejo que ele tem razão. Falamos que arquiteto realiza sonhos, mas, até eles se concretizarem, temos que resolver muitos problemas em todas as etapas de uma obra.

O que é importante para você? Quais são os seus valores? Essa é a hora de pensar nisso. O quanto antes descobrir, melhor. Essas são perguntas pessoais, e ninguém, além de você, pode respondê-las. Infelizmente, nem todos param para pensar e meditar a respeito. Vão levando a vida e se deixando levar, mesmo sem saber para onde. As pessoas com quem você anda são fundamentais para ajudá-lo nessa caminhada. São pessoas sábias? Elas lhe darão bons conselhos? Os princípios e valores combinam com os seus?

Quero finalizar esse assunto tão importante citando porções de um livro pelo qual sou apaixonada, que já li várias vezes e não me canso de aprender com ele. Foi escrito por Salomão há quase três mil anos, mas é atual, atemporal e muito prático.

*"A sabedoria do homem prudente
é discernir o seu caminho, mas
a insensatez dos tolos é enganosa."*

(Provérbios 14:8)

*"O coração do que tem discernimento
adquire conhecimento; os ouvidos dos
sábios saem à sua procura."*

(Provérbios 18:15)

*"O homem sábio é poderoso,
e quem tem conhecimento aumenta
a sua força; quem sai à guerra precisa
de orientação, e com muitos conselheiros
se obtém a vitória."*

(Provérbios 24:5,6)

FAMÍLIA, O MEU MAIOR PROJETO

CAPÍTULO 3

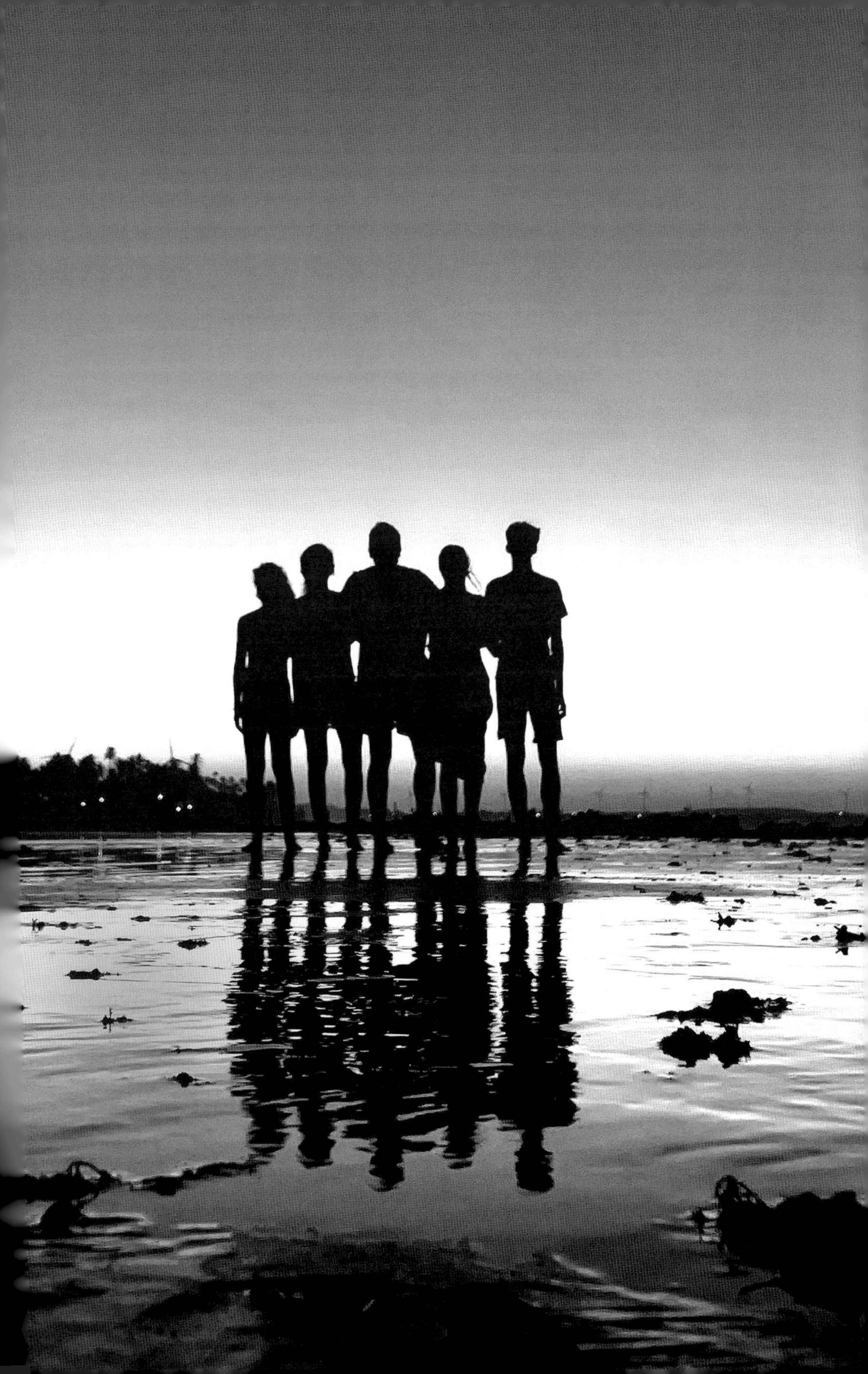

*Conciliação entre a Vida Pessoal
e Profissional*

"Nenhum sucesso na vida compensa o fracasso no lar."
David O. McKay, religioso estadunidense

Após o "Quarto de Bebê" da CASACOR, minha vontade de ser mãe aumentou. E, como já tínhamos três anos de casados, achamos que já estava na hora. Uma cirurgia de endometriose, muita ansiedade e dois anos depois, Deus me deu um grande presente: a minha princesinha Sabrina. Eu tinha 26 anos e muito amor para dar! Então, mais dois anos, e veio o Lucas, e, quatro anos depois, a Marcela. Sou feliz porque, agora, somos cinco!

Com a maternidade, a vida muda muito. É uma grande reviravolta. Cada um deles foi muito desejado e ansiosamente esperado. Então, tive tempo de me planejar, organizar meu escritório e poder diminuir bastante o ritmo no nascimento de cada filho. Nos meses que se aproximavam do parto, eu já recusava projetos urgentes. Financeiramente, preparava-me para a diminuição das entradas reduzindo custos.

Em cada nascimento, fiz questão de curtir muito todos os momentos, sabendo que esse era meu tempo de ser MÃE, algo tão forte e encantador que nenhum outro projeto chega perto em importância.

Amamentei bastante cada um deles e sempre estive presente nessas horas especiais quando o contato era tão importante. Não perderia isso por nada!

Ser mãe, para mim, foi um divisor de águas. Tornei-me mais rápida, tentando ser o mais eficiente possível, para fazer o meu trabalho bem-feito e estar em casa com minha família.

Participei de uma das edições da CASACOR quando estava grávida. As mudanças de corpo e humor de uma gestante de primeira viagem são enormes, não preciso nem comentar. Tomar conta de tudo o que envolve uma grande obra (com pouco tempo e muita pressão) é um desafio.

Quando minha primeira filha tinha seis meses, resolvi ir para a CASACOR São Paulo. Foram dois dias intensos para acompanhar as novidades e voltar a pensar em arquitetura, apesar de ter voltado a trabalhar há vários meses. Levo muito a sério os dois papéis, de mãe e profissional e, desde então, tento conciliá-los da melhor forma possível.

Depois de ser mãe, coloquei alguns limites no meu trabalho: selecionei um pouco mais os projetos e organizei meus horários. Para mim, educar de perto os filhos, acompanhando cada etapa, passou a ser prioridade. Não acredito que o importante é só a qualidade do tempo que se passa com cada um deles. Educar exige quantidade de tempo, dedicação e muita abdicação, para estar presente.

No Palavra da Vida, Atibaia (SP), em 2021

Por causa disso, meu tempo ficou cada vez mais precioso. Então, priorizei uma ótima equipe, colaboradores eficazes e treinados para me ajudar, somar, acompanhar as obras comigo e dar todo o suporte necessário aos meus clientes quando eu estava ausente.

Família está acima do trabalho, e Deus está acima da família. Sempre procuro esse norte, porque o meu amor pelo que faço é muito forte e estou sempre com muitas ideias. Concordo com David O. McKay quando ele diz: "Nenhum sucesso na vida compensa o fracasso no lar".

Escolhi o espaço "Quarto do Filho" e resolvi fazer uma grande intervenção, construindo uma varanda com espelho d'água que entrasse no ambiente.

Estava nos primeiros meses de gestação, e eram constantes as quedas da minha pressão durante a obra. Sem problemas! Levava uma cadeira, sentava-me e só saía quando estava tudo resolvido e na devida ordem.

Foi marcante o dia de fotografar o espaço, o dia mais crítico daquele evento. Os ambientes não estavam prontos, mas precisavam ser fotografados semanas antes da abertura do evento, por conta do anuário.

As fotos seriam feitas à tarde, e só um milagre para estar tudo pronto. Faltava instalar um *blindex* enorme que quase não ficava em pé, finalizar móveis, colocar todos os adornos, os quadros, a colcha... Não dava tempo de comer direito (o que era muito importante para mim, principalmente porque eu tinha que dividir a comida com um serzinho em desenvolvimento) e ainda passei o dia inteiro em pé, correndo de um lado para o outro. Era um sábado; meu marido precisou resolver as coisas dele e não pôde me ajudar naquele dia. Também nem me lembrei de pedir ajuda. Com o meu jeito meio "trator" de ser, resolvo tudo e acabo sendo independente demais.

Serra de Guaramiranga, 2009

Susana e Marcelo, 2021

Susana e os filhos Lucas e Sabrina, 2011

Susana e a filha Marcela na inauguração do Oba! Obra, 2020

Família, o meu maior projeto

Quando cheguei em casa, à noite, desabei a chorar. Depois que as fotos foram tiradas e todo o estresse passou, eu relaxei e chorei. Depois de receber pedidos de perdão do marido (por não ter oferecido ajuda) e depois de muito afago, finalmente parei de chorar. Então o Marcelo me perguntou:

— Para me desculpar, posso te levar ao cinema?

Abri o berreiro de novo.

— O que fiz de errado, agora? — ele perguntou.

— Agora, nada. Mas só de pensar em sair, vi o quanto estava cansada e me deu vontade de chorar. Coisas de grávida!

Fui convidada por uma amiga para palestrar na véspera do Dia das Mães, em um café bacana da cidade. Aceitei na hora! Frio na barriga, alegria, emoção... mais um desafio na minha carreira.

Escolhi o tema "Uma equilibrista de pratos!", porque sempre me vi assim. Eles têm que estar girando, ao mesmo tempo, e o objetivo é não deixar nenhum deles cair no chão — ou, pelo menos, tentar!

Equilíbrio. Amo essa palavra. Por muitos anos, ela foi a minha palavra-chave, um dos meus objetivos de vida.

Em primeiro lugar, precisamos identificar nossos pratos. Os meus são: Deus, marido, filhos, família, arquitetura, leitura, aprendizado, saúde. Quais são os seus? Podem ser: faculdade, pós-graduação, língua estrangeira, cuidado com a família. Cada um tem os seus, mas é muito importante analisá-los.

É impossível nossa vida estar sempre em equilíbrio. Muitas situações fogem do nosso controle e nos obrigam a focar mais na saúde de um parente próximo, ou de um bebê que nasceu, ou de um novo e grande projeto que surgiu. Por algum tempo, os outros assuntos podem ficar um pouco de lado, desequilibrados; mas o foco, depois, é voltar ao normal.

Certo! E, se não conseguirmos estar sempre com todos em alta, como faremos, então? Nossa atenção maior será para nossas prioridades. A sensação que tenho é que fiquei mais focada e aprendi a delegar ainda mais.

Susana e a filha Marcela no recebimento do prêmio CASACOR - Varanda Perla, 2017

Depois que me tornei mãe, minha energia na arquitetura precisou se adaptar. Não senti que diminuíram o brilho e a paixão pelo meu trabalho, mas ele não poderia estar acima dos meus filhos nem ditar as regras da minha vida.

ANO SABÁTICO

Lago em Atibaia, no interior de São Paulo, 2009

O ano de 2008 foi de ascensão profissional para mim e meu marido. Meu escritório estava crescendo bastante, e o Marcelo estava vendendo bem, em sua imobiliária, com vários corretores.

Mas, em meio a tanto trabalho, tivemos vontade de parar um pouco. Estávamos com filhos de um e três anos, em uma época superespecial do crescimento deles. Nós sentimos a necessidade de dedicar mais tempo a eles e aprofundar nosso conhecimento na Bíblia; investir na nossa espiritualidade. Então, resolvemos tirar um ano sabático.

Tomamos conhecimento do Seminário Batista Palavra da Vida (SBPV), localizado em Atibaia, interior de São Paulo. Nós dois fomos primeiro para conhecer o local e ficamos encantados com tudo que vimos. Marcelo queria fazer esse aprofundamento espiritual, e lá tinha um programa de um ano destinado não à formação de pastores, mas sim de líderes. Estudamos as possibilidades e vimos que conseguiríamos nos organizar financeiramente para passarmos esses doze meses sem trabalhar.

O diferencial, para mim, foi o cuidado que esse seminário tinha com a família. O aluno casado tem menos obrigações, para ter tempo de ficar com a esposa e os filhos. Eu achava importantes os dois objetivos: família e estudo da Bíblia. Foi uma decisão difícil fechar o escritório e parar totalmente por um período. Mas sentia que seria muito especial para nós.

Durante o segundo semestre de 2008, comecei a avisar aos clientes que iria ficar ausente e só fechei contratos que pudesse finalizar antes de viajar. Conversei com a equipe, e todos foram se organizando para trabalhar até o final do ano.

Tinha uma sala linda; a segunda desde que me formei. Equipada e decorada com capricho, não queria perdê-la durante esse período. Como a sala era alugada, tive a ideia de relocar com tudo dentro. Deu certo! Aluguei para um grupo português e deixei tudo no lugar.

O meu maior medo era o de me virar com duas crianças, sem cozinheira, e sem babá. Adorava ficar com eles, mas sempre tive ajuda. Só sabia fritar ovo e fazer pipoca. Para meu marido e para mim, eu até poderia fazer qualquer coisa para comer, mas meu filho só tinha um ano, e sempre fui muito cuidadosa com a alimentação deles. Eu teria que aprender! Mais um desafio.

Apesar de gostar de desafios, o frio na barriga que senti não foi muito prazeroso. Mas faz parte.

O medo é muito importante, mas ele não pode nos paralisar. Ele serve de alerta. Serve para analisarmos com cuidado por que estamos com receio. Uma vez estudados todos os prós e contras, se os benefícios forem maiores, não devemos desistir.

E foi o que fizemos. Em janeiro de 2009, estávamos chegando em Atibaia. A estância era um local lindo, muito arborizado, com um enorme lago central, pinheiros altíssimos e um clima delicioso.

Dar pão aos patos era o que fazíamos em muitas tardes. O local era paradisíaco, parecia que estávamos em um filme. A arquitetura sempre inspira. E o arquiteto daquela obra era o próprio Deus. Esse projeto é o melhor, e seu design é perfeito. Como o homem se inspira na Sua obra! Levávamos pães secos de casa e nos divertíamos com os patos, correndo entre as árvores e passeando de bicicleta.

Na verdade, as bicicletas eram nosso meio de transporte dentro do condomínio. Com as cadeirinhas para os meninos, nossa família ia para todo lugar.

A dificuldade inicial foi diminuindo, e a adaptação à nova moradia foi melhorando. Aprendi a cozinhar para os meus filhos e a cuidar melhor deles.

Eu me lembrava da minha vida de arquiteta, tão diferente daquela, e pensava em como antes era fácil. Pelo menos, mais fácil, porque já a conhecia, já a dominava. Tudo que precisamos aprender exige determinação e muita força de vontade. O resultado foi gratificante, e o tempo em família, extraordinário.

Pensei em aceitar alguns projetos à distância, mas resolvi realmente me abster do trabalho e aproveitar essa experiência da melhor forma. Foi uma boa escolha. No meu tempo livre, que não era muito, fiz aulas no seminário, voltei a estudar inglês, fiz exercícios e tentei aprender a jogar vôlei — mas só tentei, mesmo!

Deus falou muito comigo e me mostrou como podemos ser felizes com uma vida simples, perto de quem realmente importa. E o ano passou voando.

DE VOLTA PARA CASA

Voltei saudosa da minha produção criativa. Estava ansiosa e entusiasmada para começar a trabalhar e, por algumas semanas, aceitei projetos pequenos. Mas durou pouco! Em meses, estava de volta ao meu espaço. Aos poucos, fui contratando colaboradores e logo estava com o escritório do tamanho que deixei e com muitas ideias acumuladas para colocar em prática!

Meu objetivo era continuar desenvolvendo esse tempo tão especial com meus filhos. Trabalhava pela manhã e passava a tarde com eles. Foi um tempo precioso, do qual nos lembramos com saudade.

Logo no início daquele ano, aquela prima para quem fiz o meu primeiro projeto, a Verônica Picanço, filha da tia Eliane, indicou-me para um grande amigo. Era o portfólio de que eu precisava para mostrar ao mercado que eu tinha voltado: fiz o projeto da casa dele com três andares e mais de 600 m² de área.

Semana de Design de Milão, 2010

Voltei com tudo! Com muita energia e vontade de viver a arquitetura.

Nesse mesmo ano (2010), fui, pela primeira vez, para a "Semana de Design de Milão", e participei da CASACOR com a "Sala da Arquiteta". Além disso, fui convidada pela WR Engenharia para fazer o espaço deles no evento.

Tão lindo ver o cuidado de Deus! Foi como se Ele estivesse me dizendo:

— Não se preocupe, porque eu lhe dou as oportunidades na hora certa.

Lembrei-me do versículo "Aos seus amados Ele o dá enquanto dormem" (Salmos 127:2). Como poderia imaginar que, mesmo parando por um ano, ao retornar, meu escritório estaria maior tão rapidamente?

PARA TER FOCO, É PRECISO
SABER DIZER NÃO.

Nós estamos no caminho dos nossos sonhos, estudando e aprendendo a melhor forma de realizá-los! Mas, às vezes, o caminho é longo, e nos distraímos. Saímos do trilho, perdemo-nos e, quando olhamos para trás, vemos que nos distanciamos do nosso alvo.

Juntamente com o foco, acrescentaria PERSISTÊNCIA e DETERMINAÇÃO. Não desista, insista! Não deixe as dificuldades tirarem a alegria de viver o percurso, de crescer no caminho! Cada pedra pode ser usada como degrau para subirmos mais alto!

Para nosso trabalho nos trazer alegria, é preciso que tenhamos senso de propósito e realização, que estejamos felizes como nosso ramo de atuação, e que este esteja condizente com valores inegociáveis.

LEIA COMIGO

Antes de ver a palestra *Vida de equilibrista*, mostraram-me o livro que leva o mesmo nome. A autora, Cecília Russo Troiano, comenta que a vida de equilibrista precisa ter persistência, dedicação, treino, coragem e tolerância a riscos. É preciso improvisar, criar, inovar e inventar. Isso faz parte da vida de todo arquiteto! E a vida real é ainda mais desafiadora que a do equilibrista de circo. Não existe uma receita pronta, mas os ingredientes são os mesmos: uma dose de emoção e uma pitada de inspiração. Portanto, a alegria de fazermos a nossa vida equilibrada é a mesma alegria do equilibrista ao ser aplaudido ao final da apresentação: uma satisfação incomparável.

TROIANO, Cecília Russo. *Vida de Equilibrista*: Dores e Delícias da Mãe que Trabalha. São Paulo: Cultrix, 2007.

Apartamento
Verdi, 2022

Família, o meu maior projeto

GESTÃO EM ARQUITETURA, UM APRENDIZADO CONSTANTE

CAPÍTULO 4

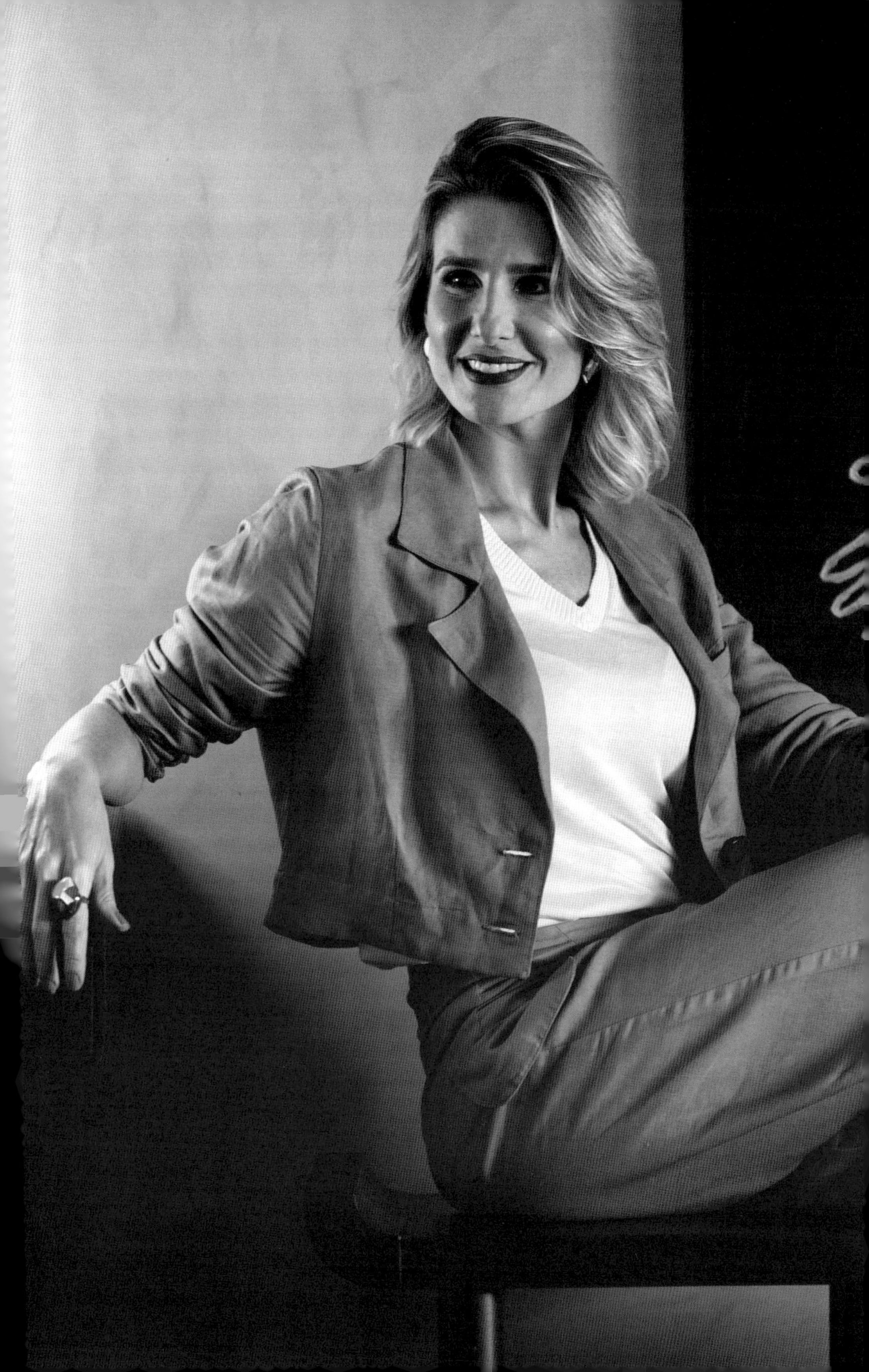

A Arquitetura precisa de uma gestão sustentável em tempos líquidos

"Quando tratamos com pessoas, lembremo-nos sempre que não estamos tratando com criaturas de lógica. Estamos tratando com criaturas emotivas, criaturas suscetíveis às observações norteadas pelo orgulho e pela vaidade."
Dale Carnegie

Ainda preciso aprender sobre gestão, por isso tenho estudado e espero me aprofundar nesse tema.

Gostaria de transmitir a gestão simples que utilizei nesses anos, feita com seriedade e bom senso, e que, do meu ponto de vista, levou-me até aonde estou hoje. Quero destacar três aspectos que considero importantes e fizeram a diferença na minha empresa de arquitetura:

- » delegar;
- » ter inteligência emocional;
- » saber o valor do meu trabalho.

UM GESTOR DE ARQUITETURA PRECISA SABER DELEGAR

Delegar é a forma que encontro para fazer as coisas acontecerem de uma maneira completa, dividindo e orientando escolhas; e acompanhando colaboradores. É um trabalho partilhado que tem o objetivo de cumprir uma missão.

De uma forma mais clara, se quero fazer um projeto complexo, com várias etapas, em locais diferentes, sei que não consigo fazer sozinha. Principalmente quando são vários ao mesmo tempo.

Então preciso de uma equipe treinada e estruturada para que, juntos, possamos fazer esse trabalho bem-feito. É necessário também ter agilidade, eficiência e profissionalismo, procurando encantar o cliente e cumprir com o objetivo proposto.

Nós começamos a carreira como arquitetos, mas precisamos ocupar vários papéis: empresários, executivos, designers, artistas e tantos outros. E, agora, como escritora... estou realizada.

Se desejamos alçar voos mais altos, precisamos ser bons executivos da nossa empresa. A dificuldade de um artista para conciliar todas as áreas é grande. Enfrento as mesmas dificuldades e sei que o desafio

Susana e Taysa no Escritório Susana Clark Fiuza, 2019

é enorme. Para isso, precisamos nos capacitar e procurar a ajuda de profissionais habilitados para nos dar o suporte necessário.

Tenho certa facilidade em delegar. Gosto de dividir tarefas, mostrar como fazer e depois ver se deu certo. Nosso tempo é multiplicado! Isso é fantástico! Adoro ensinar e ver as pessoas aprenderem. E, quando vejo que o colaborador tem iniciativa, força de vontade e responsabilidade, sei que vale a pena investir tempo para ajudar em seu crescimento profissional, porque nós dois vamos colher os frutos.

Tempo vale ouro; parece que sempre tive essa sensação. O que eu puder ensinar para outra pessoa eu ensino. E, enquanto isso, eu me dedico ao que só eu posso fazer. Com o extremo cuidado de acompanhar e de revisar, antes de repassar para o cliente.

Por vários anos, a estrutura do meu escritório era bem simples:

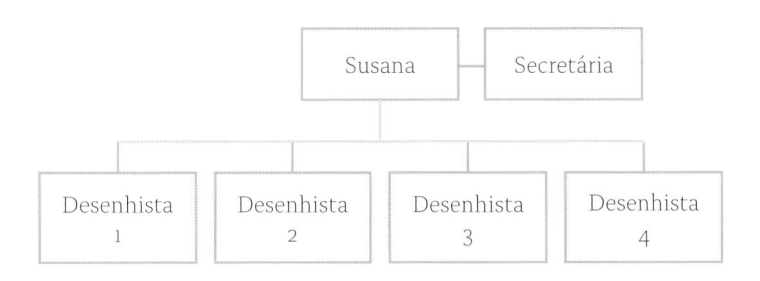

```
              Susana ─── Secretária
                 │
   ┌─────────┬───┴───┬─────────┐
Desenhista Desenhista Desenhista Desenhista
    1          2         3          4
```

Eu fechava a proposta com o cliente, recebia as medidas com fotos, os desenhistas passavam para o computador, imprimiam, e eu desenhava e criava em cima da planta e das vistas. Depois disso, eles passavam para o computador, mostravam-me de novo, eu fazia os ajustes, eles corrigiam, e eu marcava uma reunião para apresentar a proposta para o cliente.

Ele poderia pedir modificações ou, quando aprovava, detalhava materiais e cores em uma reunião comigo. Após isso, eu corrigia os desenhos. A secretária marcava as reuniões, organizava o escritório e fazia os pagamentos.

Com o aumento do número de projetos, foi necessário mudar de local, e passei a ocupar duas salas. Senti a necessidade de contratar uma arquiteta para ela ter mais autonomia com os desenhistas e me acompanhar nas visitas às obras. Então, a organização mudou:

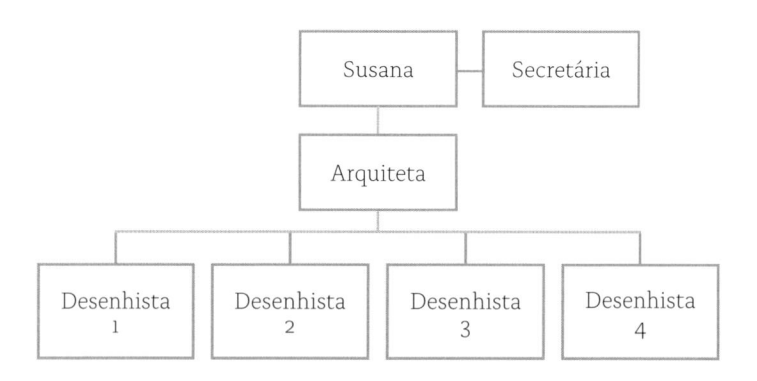

```
        ┌─────────┐   ┌───────────┐
        │ Susana  │───│ Secretária│
        └────┬────┘   └───────────┘
        ┌────┴────┐
        │Arquiteta│
        └────┬────┘
   ┌────┬────┼────┬────┐
┌──┴──┐┌┴───┐┌┴───┐┌──┴──┐
│Des.1││Des.2││Des.3││Des.4│
└─────┘└────┘└────┘└─────┘
```

O número de clientes foi aumentando, assim como a complexidade dos projetos e o número de membros da equipe. Senti necessidade de uma sala de reunião maior, uma pessoa só para o financeiro e uma coordenadora para organizar o fluxo de trabalho dos arquitetos. Eram três salas comerciais e treze funcionários.

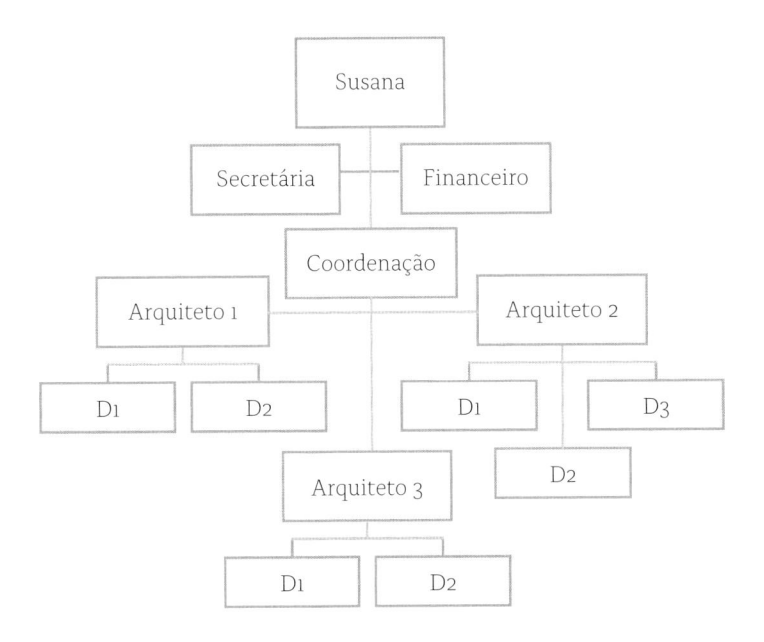

```
                    ┌─────────┐
                    │ Susana  │
                    └────┬────┘
            ┌────────────┴────────────┐
      ┌──────────┐               ┌───────────┐
      │Secretária│               │ Financeiro│
      └──────────┘               └───────────┘
                    ┌─────────────┐
                    │ Coordenação │
                    └──────┬──────┘
         ┌─────────────────┴─────────────────┐
   ┌───────────┐                         ┌───────────┐
   │Arquiteto 1│                         │Arquiteto 2│
   └─────┬─────┘                         └─────┬─────┘
      ┌──┴──┐                           ┌──────┼──────┐
   ┌────┐ ┌────┐                      ┌────┐       ┌────┐
   │ D1 │ │ D2 │                      │ D1 │       │ D3 │
   └────┘ └────┘                      └────┘       └────┘
                                            ┌────┐
                                            │ D2 │
                                            └────┘
                    ┌───────────┐
                    │Arquiteto 3│
                    └─────┬─────┘
                       ┌──┴──┐
                    ┌────┐ ┌────┐
                    │ D1 │ │ D2 │
                    └────┘ └────┘
```

Tínhamos, em média, cinquenta projetos em andamento, simultaneamente. Vários empreendimentos em áreas comuns das construtoras e apartamentos residenciais.

Nessa fase, precisei de muita ajuda. Contratei um consultor especializado em gestão de escritório de arquitetura, que passou mais de dois anos ajudando e acompanhando nosso crescimento. Passamos a usar várias planilhas que nos ajudaram a melhorar os processos e a termos maior noção de custos.

Procuro selecionar a minha equipe de forma cuidadosa, com segurança. Acho muito bom quando o profissional ou o estagiário é indicado por um conhecido meu. A referência é importante para termos parâmetros de confiança.

Ultimamente tenho feito testes para dimensionar nível técnico e criatividade. Passo um projeto para algumas pessoas e avalio o prazo de entrega, o nível de apresentação, o detalhamento e se o estilo se parece com o meu. Isso tem facilitado e melhorado a assertividade.

Coloco pessoas-chave com experiência para acompanhar os iniciantes. Primeiramente, eles passam por um treinamento com a coordenadora, e também pedimos que estudem nossa forma de trabalhar os desenhos, nosso estilo e incorporem a alma do escritório.

Faço reuniões semanais, nas quais o coordenador me passa todos os assuntos a discutir, dá uma visão geral da equipe e mostra as etapas de cada cliente. Meus colaboradores me ajudam a desenhar, mas também a pensar. Não acho que ajudamos muito um estudante se ele só aprende a fazer um trabalho mecânico, sem raciocínio, sem poder crítico. Ele deve sugerir e crescer dentro de cada projeto.

Escritório completo, 2014

PARA CRESCER, É PRECISO DELEGAR TAREFAS, ACOMPANHAR OS RESULTADOS, COMO TAMBÉM DAR E RECEBER FEEDBACKS.

UM GESTOR DE ARQUITETURA PRECISA DESENVOLVER A INTELIGÊNCIA EMOCIONAL

Equipe completa, 2020

Em 2003, nosso amigo Paulo Vieira nos convidou para assistir a um curso sobre inteligência emocional que ele estava começando a implantar. Fiz parte do início de sua carreira como *coach*, projetando seu primeiro escritório.

Em julho de 2018, tive a oportunidade de participar desse mesmo curso, que, quinze anos depois, estava muito mais amplo e aprimorado. Passei três dias em imersão sobre inteligência emocional e aprendi como ela pode nos ajudar a melhorar muitas áreas da vida.

Costumo falar aos colaboradores do meu escritório que não basta saber fazer o trabalho, ser um bom técnico, conhecer muito sobre determinado e não saber se relacionar com os colegas, os clientes e o diretor da empresa. Não basta ter conhecimento técnico, é preciso habilidade para saber se relacionar bem com todos.

Já tive desenhistas competentes e rápidos que detalhavam muito bem, mas não os contratei quando se formaram. Não porque eu não tivesse necessidade deles, mas por causa do modo como se relacionavam comigo e com os colegas, a forma egoísta de ver as coisas, o jeito de se vitimizar e não priorizar o grupo. Esses e outros pontos interferem mais do que a falta de capacidade de desenvolver projetos.

Busco, nos meus colaboradores, pessoas autoconfiantes, proativas e competentes que tenham aptidão de se relacionar e visão de equipe.

Muitas vezes, passamos mais tempo no ambiente de trabalho do que em nossos próprios lares. Como desenvolver nosso processo criativo com pessoas que reclamam e vivem com raiva de tudo e de todos?

Adoro compartilhar conhecimentos, aprendizados, leituras e inúmeras ideias com minha equipe. Mas, para isso, é preciso ter sede de conhecimento, querer aprender. Quando viajo, costumo reunir todos e mostrar fotos do que mais gostei, quais as novas tendências e o que me chamou mais atenção.

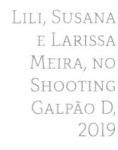

Lili, Susana e Larissa Meira, no Shooting Galpão D, 2019

Essa troca de experiências é muito positiva e nos faz crescer juntos. Eles também me ensinam as novidades, e adoro aprender com eles; ter a visão de quem ainda está na faculdade é precioso.

Mesmo quando chega o momento da despedida, e sabemos que ele é esperado, tenho sentimentos misturados de saudade e alegria. Gosto da sensação de ter contribuído positivamente para um futuro profissional, de ter ensinado não só a parte técnica do desenho, mas o modo de agir, reagir e de se portar com dignidade, decência e ética no nosso mundo da arquitetura.

Tenho muita gratidão por cada pessoa que esteve comigo durante esses anos. Adoro quando nossos caminhos se cruzam e sinto orgulho de vê-los crescendo.

> **LEIA COMIGO**
>
> Quando comecei a ler *Como fazer amigos e influenciar pessoas*, não queria mais parar. Eu já tinha consciência de muito do que o autor escrevia, como a importância de se relacionar bem — mas a profundidade da reflexão e os exemplos tornam tudo mais claro. Lendo seus livros, lembrei-me de várias pessoas que são referenciais de inteligência emocional, para mim.
>
> CARNEGIE, Dale. *Como Fazer Amigos e Influenciar Pessoas*. Rio de Janeiro: Sextante, 2019.

"INTELIGÊNCIA EMOCIONAL NÃO É SOBRE ELIMINAR AS EMOÇÕES, MAS SIM ENTENDER E CONTROLAR SUA INFLUÊNCIA SOBRE NÓS."
(DANIEL GOLEMAN)

Susana e o avô James Clark, 2017

Lembrei-me do meu avô. Não conheci uma pessoa mais agradável, otimista e bem relacionada do que ele. Se Dale Carnegie o conhecesse, diria que o livro *Como fazer amigos e influenciar pessoas* foi escrito pensando nele em cada detalhe. Queria que toda essa habilidade e leveza do meu avô Jimmy tivesse sido transmitida para mim pelo DNA. É sempre uma honra dizer que sou sua neta, porque só ouço elogios quando falo o nome dele. Não sei o quanto conseguimos aprender a sermos afáveis, mas não custa tentar.

Lembrei-me também de Ricardo Callou. Sua habilidade para falar bem é algo impressionante; ele cativa quem passa por perto. Consegue dar respostas negativas e, ainda assim, o outro sai feliz e agradecido. Ele conseguiu vender um prédio inteiro, em sua cidade natal, sem fazer um stand de vendas. Só com seu carisma. Conquistou-me com sua atenção e, quando eu pedia sua ajuda, ele fazia todo o resto parecer sem importância. Não fala com uma pessoa sem fazer um elogio e consegue lidar com todos os funcionários com seu jeito afável e atencioso. Sou fã de carteirinha.

Susana e Ricardo Callou em evento da WR Engenharia, em Juazeiro do Norte, 2023

UM GESTOR DE ARQUITETURA PRECISA SABER COMO COBRAR POR UM PROJETO

Susana e colaboradoras da Mota Machado em Teresina no Dia Internacional da Mulher, 2019

Meus primeiros projetos foram para minha família, e realmente não me lembro de que forma cobrei por eles. Talvez, só por meio de uma proposta simples na qual constavam o tipo de trabalho e os valores.

Depois de alguns meses, fiz uma parceria com uma colega e um professor da graduação. Ele nos passou a proposta que usava e adaptamos para nossa realidade. A partir daí, fiz a minha, acrescentando informações importantes e esclarecendo as dúvidas mais comuns de clientes.

Sempre tive a ideia de ter meu escritório e desenvolver um estilo com a minha velocidade e a minha coragem. Não queria ter que negociar isso com um sócio.

Desde o início, valorizava a arquitetura de interiores. Infelizmente, muitos fazem projeto de interiores para sobreviver nesse mercado competitivo. Por não terem muitas oportunidades de fazer projetos de prédios e condomínios, acabam se frustrando por mudarem o rumo do que gostariam e, consequentemente, não fazem um trabalho com empenho. Uma grande lástima. Esse nunca foi meu caso.

Tenho orgulho do que faço e valorizo o tempo e o investimento que fiz até ficar pronta para cada projeto. Foram horas de estudo, formação, prática e muita dedicação.

Acho que, por me sentir tão bem fazendo isso, minhas propostas demonstravam essa paixão e valorizavam meu trabalho. Dizia a mim mesma nos primeiros anos: "Não quero ser conhecida por ter preço acessível, quero que me contratem por saberem que vale a pena pagar um valor agregado e receber à altura".

Quando o cliente fica satisfeito com o resultado, ele sente que valeu a pena cada centavo. Já tive vários clientes que, após finalizarem a obra, falaram-me que não deveriam ter pedido desconto, por ver a complexidade, a entrega de tantas imagens e detalhamentos e todo o acompanhamento proporcionado.

Nós, arquitetos, precisamos mostrar isso para os clientes. Conscientizá-los de tudo que vamos fazer antes de apresentarmos os valores.

PARA SABER COMO COBRAR
POR UM PROJETO, É PRECISO
VALORIZAR O QUE SE FAZ!

1. **Necessidade de um bom portfólio digital**
   Você pode ter só um projeto feito. Então, mãos à obra! Tire fotos de boa qualidade do espaço, faça um tratamento de imagem, se necessário (para que ele fique com boa iluminação), e uma apresentação desse material. Pode ser um folder digital, mas será muito importante para mostrar seu estilo e algo concreto, finalizado.

2. **Boa apresentação do que será entregue (mostrar um projeto impresso)**
   Tenho mostrado aos clientes novos um estudo impresso, detalhando bem todas as etapas de cada fase. Assim, ele visualiza melhor o layout, o estudo em imagens 3D renderizadas, o detalhamento dos móveis e o projeto executivo completo.

3. **Comunicação visual coerente com seu estilo**
   Tenha uma logomarca criativa que reflita seu estilo, seu público e a visão do seu negócio. Está cada vez mais fácil e mais barato encontrar pessoas que façam isso de forma rápida e acessível.

4. **Materiais de qualidade**
   Cuidado com a apresentação da sua identidade. Ela abrange muitas coisas e vai da decoração do escritório ao tipo de papel usado em propostas, capas, envelopes etc. Nós entregamos o projeto em super B, que é maior que uma A3, 90 g, com capa mais grossa, dentro de uma caixa bem sofisticada, com a logomarca adesivada. Faz sucesso com os clientes, eles ficam muito felizes em recebê-la.

5. **Saber vender seu produto**

   Quando o cliente chega até você, ele não tem certeza do que você vai entregar. Saber vender seu "peixe", ou seu projeto, vai fazer uma grande diferença na decisão dele. É muito comum o cliente visitar vários escritórios para ter opções; então, falar com paixão sobre o que você faz e demonstrar prazer em atendê-lo são pontos importantes do começo ao fim.

6. **Transmitir confiança**

   A confiança é transmitida pelo tom da voz, pelo aperto de mão, pelo olhar ou pela roupa que usamos... quase tudo é avaliado nesse primeiro contato. Mas, se tudo isso for bom, e o provável cliente fizer uma pergunta que você não saiba responder, pode ser que perca a confiança dele nesse momento. Saber verdadeiramente (não apenas mostrar que sabe) é o que vai fazer você se destacar dos demais. É muito importante acompanhar bem as obras, conversar com a equipe que vai executá-las, ir ao galpão da marcenaria e aprender com quem realiza.

7. **Entregar um produto show!**

   Sabe o que é melhor do que fechar o primeiro projeto com o cliente? Fechar o segundo, o terceiro... a experiência tem que ser positiva, e o resultado, melhor do que o esperado. Sabemos dos desafios de uma obra, das inúmeras interferências no percurso, mas é nosso trabalho administrar essas dificuldades e termos uma postura profissional e amigável ao mesmo tempo. O resultado tem que ser fantástico! Muito cuidado com os desenhos: projeto é um documento sério que deve estar corrigido, compatibilizado e revisado antes de ser entregue.

O preço de venda de qualquer produto do mercado tem seu custo calculado a partir do custo com matéria-prima, mão de obra, fabricação, marketing etc. Por que, na arquitetura, seria diferente?

Não podemos cobrar pelo valor que o mercado cobra, sem antes sabermos quanto tempo levou, quantas pessoas trabalharam nele, qual o custo mensal de energia, imposto, impressão etc.

Arquiteto não faz muito marketing. Por que não? Temos que investir em cursos, livros, revistas, Instagram, Google... temos que reservar verba para isso também.

E viagens? Há lugares melhores para nos inspirar do que feiras nacionais e internacionais?

Precisamos comprar licenças dos programas, pagar contador, advogado e fazer mentorias. Precisamos ter caixa para isso! Não podemos cobrar o que os outros cobram sem sabermos o nosso custo.

Sei que é difícil fechar essa conta, pois passo por isso todos os dias. Mas garanto uma coisa: se todos nós, arquitetos, fôssemos mais coerentes e mais cuidadosos com esse assunto, poderíamos cobrar valores mais justos, e nossos orçamentos não seriam nivelados por baixo, por preços tão irreais.

TIAGO CELEDONIO, DA INNESCO

É com grande prazer que nós atendemos à solicitação da Susana para compilar alguns insights sobre gestão para este livro, que, entre outros objetivos, pretende, como nós, encurtar o caminho de quem decidiu empreender em arquitetura.

Antes de começar, é preciso dizer que a Susana faz parte de um pequeno grupo de arquitetos de Fortaleza que decidiu investir em gestão e começou a trabalhar com a Innesco ainda em 2010, muito antes de nós focarmos exclusivamente nesse segmento. Pode-se inclusive dizer que muito do que a gente faz hoje, em quase uma centena de escritórios, começou a se desenvolver nesse pequeno grupo.

Isso já demontra o quanto ela estava conectada com a necessidade de profissionalizar sua operação, e essa vontade é justamente a primeira importante quebra de paradigma, no sentido de levar técnicas e ferramentas de gestão profissional para um escritório de arquitetura. Precisamos ter em mente que a grande maioria dos cursos de graduação não prepara seus alunos para conduzir uma empresa, mesmo sabendo que boa parte deles decide abrir seu próprio negócio quando vai para o mercado. Embora isso seja um contrassenso, é um fato. Portanto, se você está lendo este livro porque decidiu empreender através do seu próprio escritório, saiba que você precisa estudar gestão.

Obviamente não poderemos discorrer, aqui, sobre tudo que precisa ser feito nesse sentido. Portanto queremos nos concentrar em um único e fundamental insight: o empreendedor precisa entender onde ele se encaixa dentro da sua própria empresa.

O primeiro passo para isso é internalizar que todo escritório é uma empresa e que, como toda empresa, possui quatro áreas de atenção administrativa.

» *BRANDING: é aqui que você pensa mais profundamente sobre o seu negócio: quem é você, o que você faz e com que produtos você quer trabalhar (sim, existem muitos produtos diferentes em arquitetura — projeto de edificações, interiores, consultoria, orçamentação, acompanhamento de compras, de obra, produção etc. E cada um destes, por sua vez, pode estar focado em um segmento específico, como arquitetura residencial ou hospitalar, por exemplo). Além disso, precisa saber quem é o seu público, quais são os seus diferenciais, de que estrutura você precisa para fazer valer esses diferenciais.*

» *MARKETING: essa é a disciplina que estuda as relações de troca entre as pessoas. A pergunta fundamental é "por que alguém deve trocar dinheiro (o trabalho dela) pelos produtos/serviços que você entrega (o seu trabalho)?". Marketing é sobre conexão. Como você se conecta com as pessoas que têm os problemas que você decidiu resolver, através das suas soluções? A primeira função de marketing é a COMUNICAÇÃO — que ações você vai aprender para trazer as pessoas até você? O que você vai fazer para que o telefone toque, para que alguém deixe uma mensagem no seu Instagram? A partir daí, o assunto é VENDA, a segunda função de marketing. Quando alguém chega até você, como* é o seu atendimento? O que você faz para entender e se conectar profundamente com aquele possível cliente, no sentido de oferecer a melhor experiência de consumo?

» **PRODUÇÃO**: no escritório de arquitetura, a área de produção é a sala técnica. Aqui, mais do que em qualquer outra área de atenção, o foco deve estar nas PESSOAS e nos PROCESSOS. Você já definiu claramente seus fluxos de trabalho? Seus colaboradores precisam entender nitidamente a sequência de ações que leva ao produto final que você deseja. Além disso, quando você não tem fluxos claros, é muito comum que se queimem etapas e que determinados trabalhos necessitem ser refeitos. O retrabalho é o principal inimigo do lucro em arquitetura e o bom fluxo de produção é o principal antídoto contra o retrabalho. No mais, como é a sua equipe? As pessoas sabem claramente onde começam e terminam as suas obrigações? Isso é fundamental. Arquitetura se faz em equipe. Para montar um escritório de arquitetura capaz de crescer, é necessário formar um time. Quais são os seus valores? Como você define a cultura da sua empresa? As pessoas que estão com você respiram essa cultura? Estude sobre cultura organizacional; esse assunto é fundamental para uma empresa de arquitetura.

» **CONTROLADORIA**: como o nome denota, aqui ficam as funções de controle dos processos, das finanças, o cuidado com a infraestrutura, a análise de resultados atenta aos indicadores de per-

formance. *Essa talvez seja a área mais distante da formação dos arquitetos e é igualmente importante para o sucesso de qualquer operação. Você precisa parar sistematicamente para analisar o seu escritório enquanto sistema de produção: o que está dando resultado e o que não está? Para onde está indo o dinheiro e a energia que nós aplicamos aqui? O que podemos fazer para gastar menos energia e atingir o mesmo resultado? Mais especificamente: quando eu comparo as horas que eu previa utilizar em uma determinada etapa de projeto com as horas que eu de fato utilizei, onde estão os gargalos e o que eu posso fazer para resolvê-los?*

Pois bem, a verdade é que, se você vai abrir o seu escritório, precisa cuidar de todas essas áreas, mas não sozinho! Esta é a chave: você não precisa abraçar todas essas áreas com as próprias mãos. É realmente muito trabalho para uma pessoa só e, quando você se divide demais, tudo fica mal feito. É preciso que o profissional se descubra, ao longo do processo, e escolha as funções que quer e pode abraçar (e passe a delegar aquelas que não pode).

Um escritório de arquitetura, muitas vezes, representa o arquiteto que dá nome a ele. Quando o seu nome está lá, é ainda mais difícil absorver o espírito de equipe e delegar. No entanto, esse é o único jeito de fazer com que a operação cresça. Ao delegar, você constrói uma estrutura capaz de absorver as atividades que não quer, você ganha tempo para fazer o que realmente deseja e faz bem!

Construir uma operação capaz de funcionar assim não é fácil nem rápido, mas esse é o caminho de quem decidiu empreender através do seu próprio escritório. Tenha em mente que NEM TODO TRAÇO VIRA OBRA, MAS TODO TRAÇO VIRA CUSTO. Traga gestão para a sua vida.

Clinica Vya, 2022

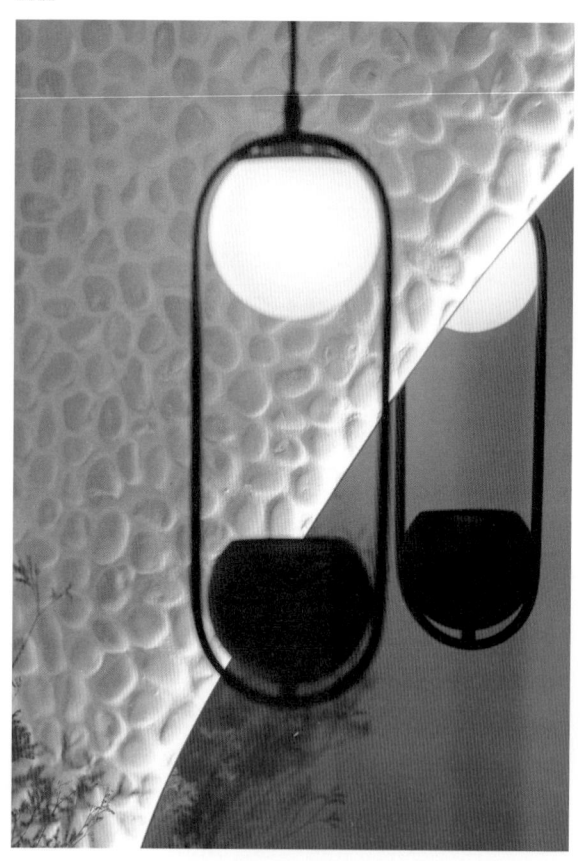

GESTÃO EM NEGÓCIOS

Para muitos, fazer um curso de pós-graduação é algo comum, bem normal. Mas, para mim, é a realização de mais um sonho.

Comecei a trabalhar com tanta empolgação, pressa e paixão que não tive tempo de pensar em estudar depois de me formar. Além disso, os projetos sempre crescentes não deixavam nenhuma margem para isso.

Além disso, um marido, três filhos... então, tudo ficou mais difícil. As demandas não eram só financeiras, mas, principalmente, de tempo e atenção.

Nesses anos, vi tantos amigos fazendo MBA e queria muito poder fazer também. No entanto, como eu já tinha dezenove anos de mercado, não sentia a necessidade de fazer uma especialização em áreas como arquitetura de interiores, paisagismo ou outras semelhantes. Pensei em algo que pudesse acrescentar muito conhecimento e somar com toda a minha experiência. Sempre achei extremamente importante o conhecimento em gestão, por isso decidi fazer minha pós-graduação nessa área.

Além do meu jeito meio executivo (já dizia meu orientador, Roberto Castelo), precisava de base e conhecimento para minha empresa de arquitetura. E, finalmente, esse dia chegou!

Escolhi a Fundação Dom Cabral para fazer o curso "Gestão em Negócios" e o iniciei em setembro de 2019. Os professores, a maioria do Sudeste, vinham até Fortaleza dar aula para um grupo de gestores das mais diversas atuações de mercado. Eu ia às aulas com entusiasmo, assim como tudo o que faço na vida. O curso tratava de diferentes assuntos, alguns dos quais eu não tinha quase nenhuma experiência. Às vezes, eu me sentia deslocada, achando que tinha menos conhecimento que o restante do grupo.

Os alunos eram médicos, gestores de grandes empresas, publicitários, contadores e empresários. Como foi bom conhecer pessoas tão capacitadas, experientes e bem-sucedidas nos negócios. Não é importante estar cercado de pessoas que sabem mais do que nós? Essa foi uma ótima oportunidade.

"Nascer sabendo é uma limitação porque obriga apenas repetir, nunca criar, inovar, refazer, modificar. Quanto mais se nasce pronto, mais refém do que já se sabe e portanto, do passado; aprender sempre é o que mais impede que nos tornemos prisioneiros de soluções que, por serem inéditas, não saberíamos enfrentar." – Mário Sergio Cortella

Gostava muito de como nos preparávamos para as aulas, estudando com antecedência e fazendo atividades relacionadas ao tema. Os professores eram sempre do mercado, e o foco era aplicar os conhecimentos adquiridos na nossa profissão.

Durante as palestras, eu escrevia as ideias que eu tinha, procurando melhorar meu escritório em vários aspectos. Se antes eu achava que precisava aprender sobre gestão, passei a ter certeza. Descobri que não sabia quase nada.

Uma das disciplinas de que mais gostei foi a de autoconhecimento. O nome era "Gestão de si mesmo." É importante saber gerenciar, antes de qualquer coisa, nossos sentimentos e emoções, para que, só então, tenhamos condições de liderar outros.

O *TedTalk* "The power of vulnerability", de Brené Brown, mostra a necessidade de se ter coragem para aceitar nossos erros, nossos defeitos e as críticas dos outros. E, no caminho do sucesso, eles serão muitos. Segundo Brené, "autenticidade é uma coleção de escolhas que temos que fazer todos os dias. É sobre a escolha de aparecer e ser real. A escolha de ser honesto". Superar a vergonha de desenvolver projetos inovadores é importante para os arquitetos.

Eu amo marketing! Nessa pós-graduação sobre gestão, estudamos sobre inteligência do mercado, posicionamento, diferenciação, valor para o cliente, análise SWOT (*strengths, weakness, opportunities, threats*) etc.

Não sabia que o marketing era tão vasto e tinha tantas dimensões.

Uma das estratégias que precisamos exercer é o *omnichannel*. É importante estar em todos os canais de contato com o cliente — que bom que eu estou no rumo (Pinterest, YouTube, Instagram, TikTok, Google e TV). Nessa estratégia, dois fatores são essenciais: possuir experiência e ter o cliente como centro (*customer centricity*).

Eu não sabia, por exemplo, que a gestão estratégica vem antes do planejamento. É um processo mais analítico em que é necessário primeiro refletir e depois planejar. O líder precisa ter uma visão além do alcance; precisa ter habilidade de interpretar a realidade e abstraí-la para conseguir enxergar mais longe. Você investe tempo pensando na sua estratégia? Ela deve ser constantemente analisada.

Susana na capa da revista *Tapis Rouge*, 2017

No meu modelo de negócio, preciso criar, entregar e capturar valor. Tudo tem que estar alinhado como posicionamento claro e preço baseado na vantagem competitiva sustentável.

Nós, como gestores, precisamos ser generalistas como um pato, pois ele sabe nadar, andar e voar. Temos que entender sobre negócios, pessoas e marketing. Temos que ter resiliência e empatia com os outros. Só assim conseguiremos nos relacionar bem.

Outra figura interessante é a de uma orquestra. O gestor tem que reger e não tocar um instrumento. É assim que vejo! Por isso a grande necessidade de delegar. Se o líder focar no operacional, ele não terá tempo e não conseguirá ver o todo.

Uma etapa importante, porém, na qual muitos ainda falham, é a do planejamento. Antes dela, a empresa precisa observar o que gera valor para os seus clientes e qual deve ser o seu posicionamento de mercado. A equipe inteira e os líderes precisam de senso de propósito.

É necessário passar mais tempo analisando e estudando cada projeto antes de ser detalhado. Depois que o trabalho está feito, a probabilidade de erro é maior, e o retrabalho é bem mais caro.

Exercemos liderança o tempo todo, na vida profissional e pessoal; essa é uma habilidade fundamental. O ambiente de trabalho precisa ser um lugar seguro, onde todos se sintam incentivados e livres para se expressar e serem ouvidos. O líder tem que ser paciente, gentil, empático, humilde e atencioso. Ninguém disse que seria fácil, mas esse é o perfil de grandes líderes que são seguidos e admirados, e prosseguem influenciando todos ao seu redor.

Sabemos que o mundo está mudando frequentemente, porém quais aptidões precisamos ter para nos adaptarmos para o futuro das profissões? Aqui estão algumas que considero as principais: inteligência emocional, adaptabilidade e pensamento crítico.

Essa pós-graduação foi especialmente longa por conta da pandemia. O que deveríamos ter feito em dois anos, fizemos em mais de quatro, por isso quase metade dos alunos desistiu. Contudo, todas as dificuldades trazem aprendizados, e eu aproveitei as aulas, as leituras e o *networking* em cada encontro. Fiz parcerias com colegas, fechei contratos e conheci novas pessoas em outras turmas. Encerrar um ciclo com o grupo depois de tanto tempo foi algo maravilhoso. Temos muitas histórias para contar.

Quero destacar uma oportunidade bem especial para colocar em prática tudo o que aprendi. Meu irmão mais velho, Mauro Júnior, é diretor comercial da WR Engenharia, construtora que me contrata desde que me formei. Naturalmente, depois que ele começou a trabalhar, comecei a sentir um gosto todo especial de projetar para eles. Hoje, além de projetos de arquitetura de interiores das áreas comuns, também estou presente em reuniões de marketing, participo da escolha da identidade visual, do nome dos empreendimentos e até do tipo de festa para os lançamentos.

Esse envolvimento com a empresa aguça meu lado executivo e me dá oportunidade de colocar em prática conhecimentos que adquiri nas aulas e nas leituras.

É um presente poder trabalhar com meu irmão que tanto admiro. Viajar com ele é tão bom que diminui a saudade de casa.

Dom, o irmão Mauro Jr., no apartamento decorado da WR Engenharia, Juazeiro do Norte

ARQUITETURA HUMANIZADA
ONLINE E *OFFLINE*

CAPÍTULO 5

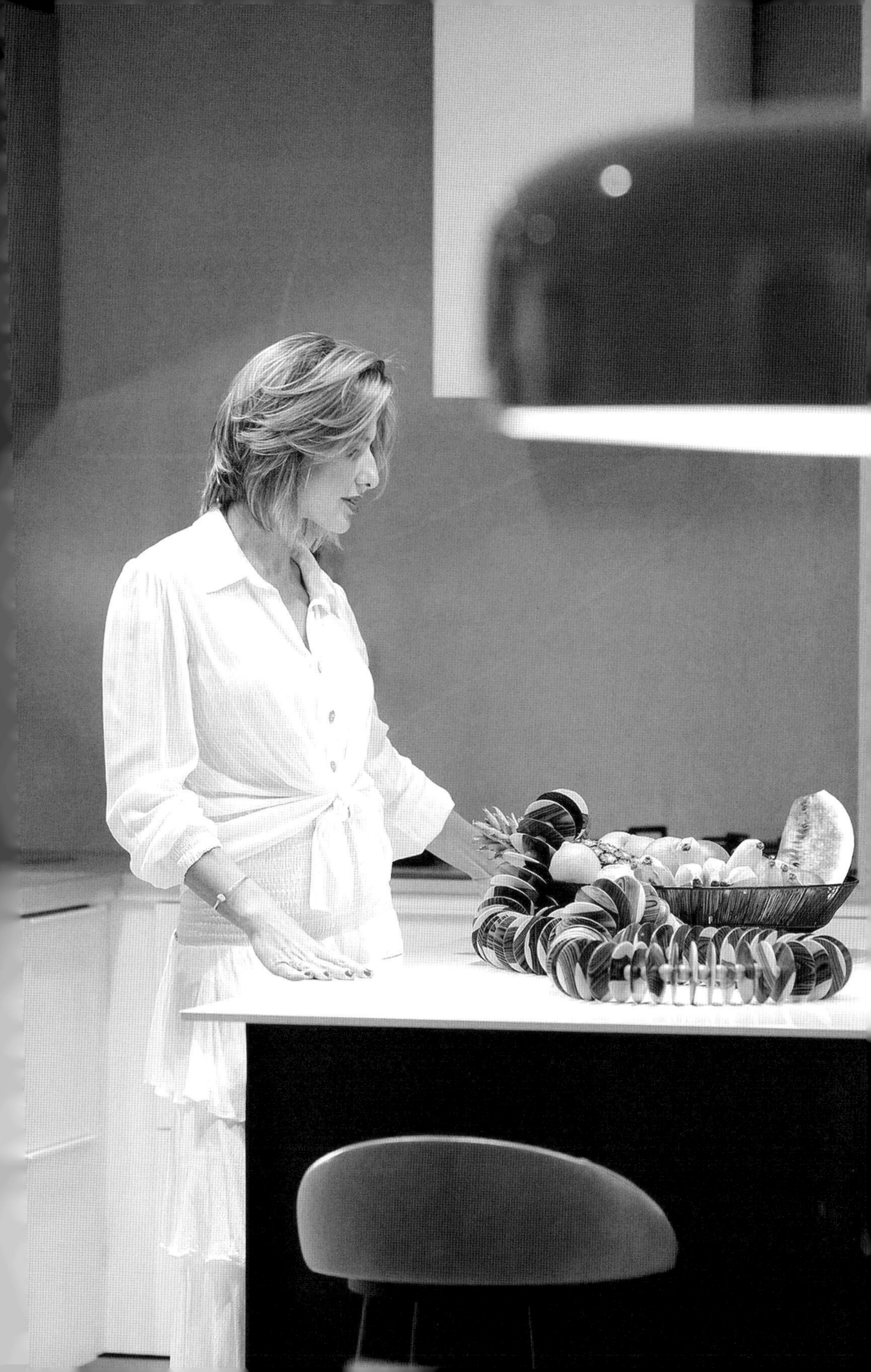

*Parcerias Profissionais, Tecnologia
e Realidade Digital estão conectadas.
Está tudo interligado.*

"A chave para o sucesso não está em todas as coisas que fazemos, mas naquelas que fazemos bem."
Gary W. Keller e Jay Papasan, escritores e executivos

À medida que o mundo se torna mais tecnológico, exigimos rapidez, praticidade e perfeição nos trabalhos. Contudo, nosso lado emotivo adora se relacionar, conversar, trocar experiências, ajudar e ser ajudado.

O contato com o cliente é um grande prazer, e é necessária certa intimidade para realizar suas necessidades e seus sonhos de vida. A conversa, a relação e o acompanhamento desse processo nunca serão substituídos por uma plataforma.

A conexão pessoal é muito grande e, quanto mais entendemos o que o cliente fala — e o que ele não fala —, podemos atingir suas expectativas e fazer uma entrega extraordinária.

Que gratidão eu tenho para com as pessoas que acreditaram em mim quando eu ainda não tinha experiência nem portfólio e estava no processo de aprendizado! Essa conexão com quem apostou nas nossas ideias e investiu nelas ultrapassa tempos.

O vínculo criado com os parceiros é outro elo valioso. Sem as parcerias, eu não teria conseguido executar meus próprios sonhos, como participar de várias

Na casinha de acrílico da Suíte do Bebê, Casacor, 2002

edições da CASACOR, montar o meu escritório e poder apresentar meus projetos em várias revistas. Obrigada, de coração, a todos esses parceiros pela confiança depositada em mim.

Um dos incentivos mais marcantes foi na CASACOR 2002. Poucas pessoas me conheciam no mercado, porque eu era muito nova, tinha somente um ano de formada. Um deles topou o desafio e executou uma casinha de boneca toda de acrílico. Foi um investimento alto, mas valeu a pena; foi muito elogiada! Por ser transparente, dava para ver tudo dentro: estante, fogão, mesinha e tudo a que uma menina tem direito, para brincar de forma lúdica e criativa.

Parcerias já me levaram para fazer curso na Áustria, com vários arquitetos do Brasil; a Dubai, para conhecer a empresa de engenharia que construiu as *Palms Tree*; a Milão, para acompanhar todas as novidades na *Fiera del Mobile* e a inúmeras fábricas de móveis, iluminação, tecnologia etc.

Fiquei especialmente feliz em participar da CASACOR por meio de convites de empresas parceiras.

» CASACOR 2010 – WR Engenharia
» CASACOR 2017 – Varanda Galpão D

- » CASACOR 2018 – Mota Machado 50 anos
- » CASACOR 2021 – Grupo Otimista
- » CASACOR 2023 – Cozinha Kitchens

Esses relacionamentos são ricos, e a troca de experiências é incrível. Nessas viagens, conversamos com colegas arquitetos que nos ajudam e compartilham conosco formas diferentes de trabalhar.

Por isso defendo, sempre que possível, o investimento de tempo nos relacionamentos. Olho no olho, um momento de conversa e atenção, o crédito ao outro. Tudo isso supera ferramentas tecnológicas, por mais diferenciadas que se tornem no mercado.

Vejo a tecnologia na arquitetura e na vida como uma aliada, e não como uma vilã. Precisamos usá-la ao nosso favor. Se a geração Y, alfa e as próximas que virão consomem de forma diferente, a entrega precisa ser diferente.

Eles não querem perder tempo com longas reuniões, não pretendem investir muito no imóvel e muito menos em peças caras ou materiais sofisticados que ficam nas paredes, bancadas ou em tudo que seja fixo.

Essas pessoas querem novas experiências, preferem ser mais livres, sem um local fixo. Investem mais em viagens, estudos, livros e conhecimento e não são apegadas a vestuários sofisticados e carros de luxo na maioria das vezes.

A arquitetura precisa ser feita de uma forma diferente para eles. Para pessoas que gostam de arrumar seus espaços, de comprar os móveis *online* e de executar no seu tempo. Estamos aqui, nova geração! Prontos para atendê-los.

Nunca fui uma pessoa tecnológica. Espero um pouco as novidades serem consumidas e, aos poucos, vou testando e me adaptando a elas. Tenho aprendido muito, nesses últimos meses, a desaprender. Não é um processo fácil, sou um tipo de pessoa que gosta de estar com tudo no seu lugar, acontecendo como deveria, de uma forma que esteja sempre melhorando, mas gradativa e tranquilamente, sem tantas mudanças bruscas.

Isso vem acontecendo comigo há alguns anos, mas culminou em 2019. Senti a necessidade de aprender a esquecer um pouco o formato tradicional de como vinha fazendo arquitetura e de agilizar o processo, simplificando-o para torná-lo exponencial.

Resolvi criar um produto digital, algo que alcançasse mais pessoas fora da minha cidade. Queria algum produto diferente, usando meu conhecimento, aliado às novidades que o mundo *online* tem proporcionado.

Era necessária uma mentoria, um estudo mais aprofundado sobre o assunto e, assim, entrei nesse tema com muita avidez. Com empolgação, comecei a ler, ouvir palestras e fazer reuniões semanais sobre isso. Meu marido me ajudou muito nas ideias.

Meu jeito sempre foi trabalhar em equipe. Já estava com um colaborador, futuro arquiteto, na área de marketing e do novo produto digital. Ele tinha muito jeito, gostava do assunto e aceitou ficar mais na área que propus.

A demanda cresceu, e a minha visão de mídias sociais aumentou; então, convidei outro colaborador para entrar nessa área. Ele estava no seu primeiro estágio, mas eu já via seu potencial e sua facilidade no desenho artístico.

Nessa época, fiz palestras e contei com a ajuda deles para escolher fotos e deixar a apresentação com estilo. O resultado foi muito bom!

Achei que precisava de mais uma pessoa para compor a equipe SCF (Susana Clark Fiuza) e convidei uma colaboradora que tinha acabado de entrar. Era organizada, escrevia bem e era superanimada com essas novidades.

Uma das primeiras coisas que descobri é que existem:

» O **NOW**: o que faço hoje, como tenho feito;
» O **NEW**: algo novo, diferente do modo tradicional; e
» O **NEXT**: algo bem inovador.

Nessa época, eu estava lendo muito e sempre compartilhava os aprendizados em várias áreas, como *mindset*, produto digital, reinvenção pessoal e profissional e as mudanças dessa nova geração.

Nas reuniões de segunda-feira, fazíamos o cronograma da semana, agendávamos e dividíamos os projetos entre a equipe, analisando os prazos de cada cliente. Incentivava todos a levarem, nessas ocasiões, o que mais tinham gostado de ler ou o que tinham aprendido durante a semana. Estava sendo criada a pequena Biblioteca SCF.

112 Arquitetura na prática e na vida

Na mentoria que se iniciou, fiz questão de que todos da equipe participassem. Amo as ideias de pessoas mais novas, com a metade da minha idade, que têm uma visão bem diferente da minha; pessoas de uma geração que já nasceu imersa em todo esse mundo tecnológico. Não sei se são eles que aprendem mais comigo ou se sou eu que aprendo mais com eles. Adoro a troca entre gerações.

De uma coisa eu tinha certeza: queria entrar na arquitetura digital, esse novo mundo que começou há um tempo. Meu objetivo era alcançá-la e fazer parte, hoje, do futuro! Ser uma expert no meu mundo, estudando, testando, errando e reaprendendo.

Estudávamos fórmulas de lançamento do produto digital. Fazer pré-lançamento, preparar a audiência e fazer sempre uma chamada, para vender o produto (*call to action*). Eram vários novos nomes. Não sabia o que significavam muitos deles, por isso, perguntava e anotava tudo. Precisava de um copywriter (redator), webdesigner e um assistente (pessoa que organiza todos os processos).

Confesso que ficava ansiosa, algumas vezes, sem saber bem por onde começar. Até então, sabia o que queria, mas de uma forma um pouco vaga. Eram novidades demais em pouco tempo: *storytelling, mailchimp, inbound*... além de gostar de desafios, eu tinha uma equipe maravilhosa, que participava de tudo.

Estudamos alguns sites bem bacanas de produtos inovadores, relacionados ou não com arquitetura;

todos com tecnologias disruptivas. Era uma nova forma de fazer o trabalho, de oferecer aos clientes algo novo, comunicando de maneira diferente do mercado tradicional.

Como posso ajudar os novos arquitetos? E o cliente final? Como posso trabalhar com a nova geração? Como ela se comportará? Qual tipo de projeto de arquitetura ela vai conhecer? Buscávamos, juntos, respostas para todas essas perguntas.

Temos acompanhado mudanças cada vez mais rápidas e intensas. A tecnologia faz parte do nosso dia a dia, e nem imaginamos como conseguíamos viver sem WhatsApp, Waze, Uber ou Google. Estamos mais apressados, mais exigentes e menos pacientes. Esperar não é uma palavra muito bem-vinda.

Por conta do acesso a tantas informações, a distância para atingir conhecimentos dos mais diversos tipos de assunto diminuiu. O Google sabe de tudo. Não temos mais o poder de reter a informação conosco, ela está disponível a quem quiser acessá-la.

Tenho me deparado com clientes de gerações variadas e, portanto, com necessidades diferentes. A cada dez anos, surge uma nova forma de pensar e viver, alterando os comportamentos e o consumo de produtos e serviços. Não há um consenso sobre quando cada geração inicia e termina. Não existe divisão de forma clara e linear, mas ela surge, de forma mais constante, assim:

» Geração X: de 1965 a 1980. Eles viram surgir computador, internet, celular, impressora e e-mail. Meu mundo mudou muito!

- Geração Y: de 1981 a 1996. Uma geração que se desenvolveu em época de grandes avanços tecnológicos e prosperidade econômica. Cresceram com TV a cabo, videogames, computadores, jogos..., já cresceram internalizando essa tecnologia. Tiveram mais facilidades, dadas pelos pais, e lutam por salários ambiciosos desde cedo. Querem desafio e crescimento. Geração globalizada e preocupada com o meio ambiente.
- Geração Z: de 1997 a 2010. Expansão exponencial da internet e dos aparelhos tecnológicos, como smartphones e tablets. Estão sempre conectados. Não viram o mundo sem computadores. Globalização! Muitos trabalham em *home office*. Escutam pouco e falam menos.

Você pode estar pensando qual a diferença que essas gerações fazem na sua carreira. Em que essas informações podem impactar a arquitetura diretamente? Em tudo!

Se muda o consumidor, o prestador de serviço tem que acompanhar essas mudanças.

A WGSN é uma empresa que faz previsão de tendências, tentando antecipar o que ainda vai acontecer. Isso é essencial para as empresas lançarem novidades com uma probabilidade maior de o produto ser aceito.

Assisti a uma palestra da consultora da WGSN, Julia Caran, que falava sobre esses novos comportamentos e demandas de consumo. Ela alertou para o fato de que o consumidor tem pouco tempo e busca estratégias de varejo justas, para móveis, que sejam rápidas e fáceis e, ao mesmo tempo, procura uma conexão humana. Um dos pontos de ação é criar interações mais naturais pelos dispositivos móveis, visando a linguagens fluidas e com ferramentas que permitam encontrar produtos por pesquisas visuais.

Vocês estão vendo o que eu estou vendo? Como podemos continuar trabalhando da mesma forma com todas essas mudanças? Como prestaremos serviço para essas novas gerações? Precisamos ser criativos e nos reinventarmos, elaborando perguntas e buscando respostas para suas respectivas áreas, ouvindo as necessidades dos clientes, escutando opiniões diferentes, sem descartá-las imediatamente, entre outras formas de acolher mudanças.

Achei bacana o TEDx sobre o profissional do futuro, com Michelle Schneider. Quais serão as dez habilidades do futuro? As habilidades técnicas vão mudar muito rápido. Temos que aprender o tempo todo, porque tudo estará em constante mudança. Ela cita esta frase: "Aprender a desaprender e reaprender".

Tenho estudado sobre isso porque quero estar preparada para essas mudanças que já estão acontecendo. E você? Tenho visto a necessidade que muitas pessoas têm de receberem um produto diferente.

Minha amiga Carol Barbosa alugou um apartamento lindo para morar com a filha. Como o imóvel não era dela, não queria investir em um projeto de arquitetura de interiores, mas também não queria móveis projetados, fixos, marcenaria, detalhes nos forros e paredes. Ela precisava de algo como uma consultoria,

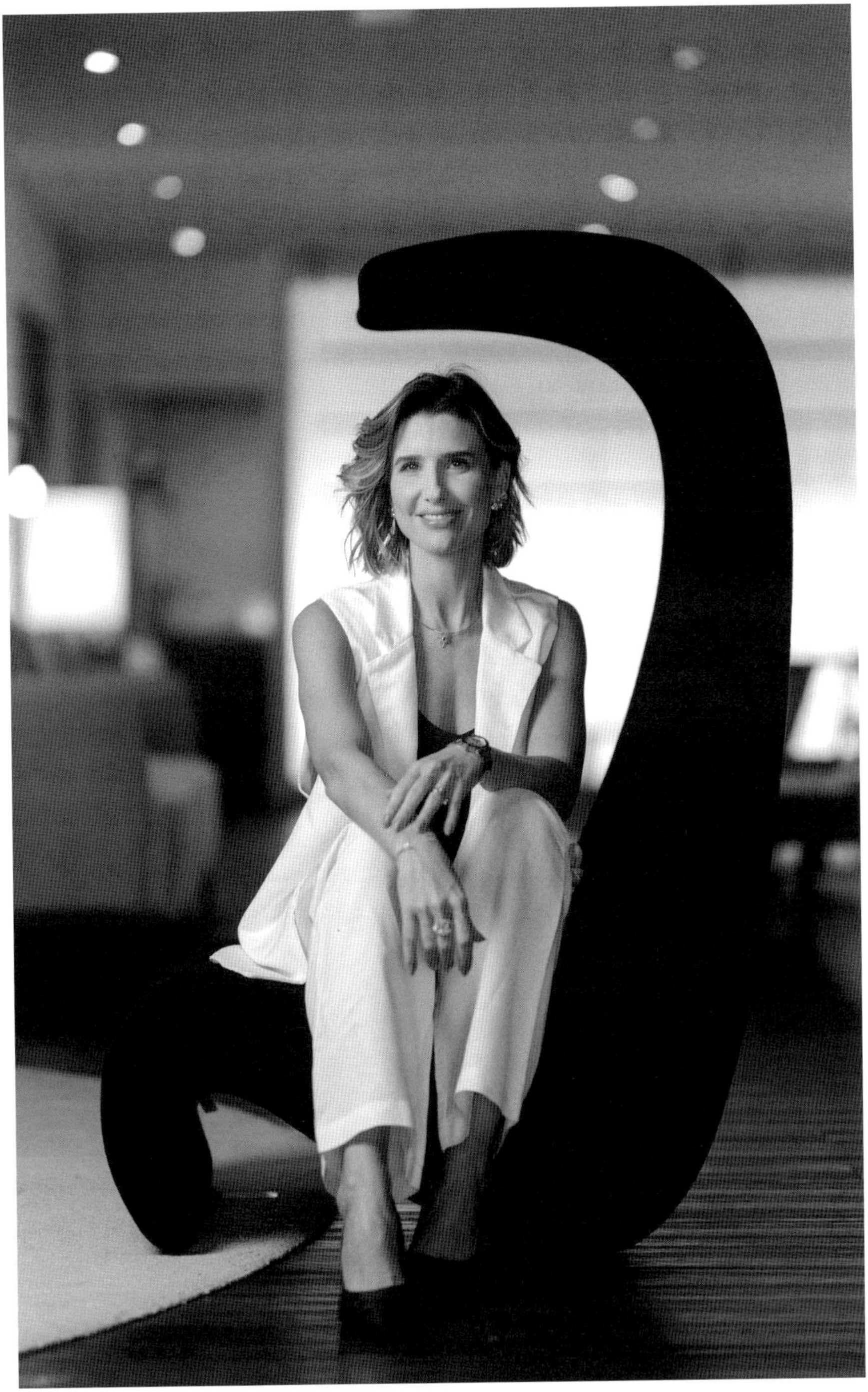

uma ideia de medidas, cores, móveis soltos etc. Já havia feito alguns projetos para sua empresa e sua família e, por isso, ela conhecia meu trabalho — além de existir uma amizade grande entre nós. Mas os dias foram passando, ela não me contratou para o projeto (pelos motivos citados) e começou a comprar os móveis com a mãe, que é bem desenrolada e possui uma construtora.

Em uma das reuniões para um novo empreendimento, Carol me chamou para conhecer o seu apartamento e me pediu uma dica para as cores das paredes. Quando cheguei lá, tive várias ideias: uma delas era transformar a varanda generosa, com uma ótima vista, em sala de jantar. Por sua vez, o local da sala ficaria com bastante espaço.

Ela gostou da nova proposta, mas se preocupou com o que já tinha comprado sem a minha ajuda. Percebeu que precisava de um projeto diferente de um tradicional, uma consultoria de disposição de layout e orientação para compra dos móveis soltos.

O custo de um projeto completo e o tempo de espera para todas as etapas não faziam sentido para a Carol.

Foi aí que fiz meu primeiro projeto *online* (ou, pelo menos, um ensaio dele). A experiência mostrou o quanto a nova geração estava precisando disso. O resultado foi incrível, e foi possível perceber o quanto a nova geração que está despontando está aberta a esse formato.

O ano de 2019 foi marcado por mudanças e amadurecimentos. O que fiz pela primeira vez, nesses meses, foi mais do que em vários anos anteriores, nos quais estive acomodada, sem grandes transformações.

Esteja cercado de pessoas que saibam mais do que você. Não podemos fazer nada sozinhos. "Se quiser chegar logo, vá sozinho. Se quiser chegar longe, vá em grupo", diz um provérbio africano.

Amo estar com quem sabe mais do que eu, que agrega valores e pode contribuir para meu crescimento. Quem faz muito isso é meu marido, que sempre me incentivou a ser criativa e inovadora. Ficava cansada só em ver seu entusiasmo com novos produtos, sempre aprimorando, aperfeiçoando suas ideias.

Nossas diferenças, no final, sempre se somam; multiplicam-se. Agradeço a ele pela paciência de aguentar uma mulher intensa e acelerada. Enquanto eu passei noites pensando, sonhando com tantas novidades, ele dormiu como um bebê. Enquanto eu corria a 100 km/h, ele desacelerava, para pensar em mais detalhes. E, juntos, fazemos mais.

Por incrível que pareça, as flutuações na economia, principalmente no setor imobiliário, foram boas para mim, pois me tiram da acomodação e me aproximam das pessoas.

Desde quando montei meu escritório, logo que me formei, o crescimento foi constante, tanto em quantidade de clientes como em complexidade.

O número de colaboradores só crescia, e nunca tive problema algum com pagamentos de contas; sempre tive condição de viajar a trabalho ou a passeio e de custear quaisquer despesas pessoais ou relativas ao trabalho. Mesmo com o fechamento provisório do escritório, em 2009, quando tirei o ano sabático, o retorno foi impressionante.

Alguns anos depois, resolvi mudar, ampliando o espaço para duas salas, por conta do aumento de colaboradores. Seis meses depois, passei para três salas. Agora, estava em um espaço bem estruturado e com vários colaboradores.

Fizemos vinte e seis apartamentos em um mesmo condomínio, com área privativa de aproximadamente 250 m². Acompanhávamos mais de cinquenta projetos, simultaneamente.

Isso tudo não me assustou. Pelo contrário, adoro delegar, coordenar e capacitar profissionais para darem o melhor de si, com projetos sofisticados e atemporais. Muito trabalho e muitas decisões, para não perdermos a qualidade dos projetos, do acompanhamento e da finalização. Contratei uma empresa de consultoria por mais de dois anos para estruturar todo esse crescimento.

Entretanto, nem tudo é constituído só de tempo bom; alguns anos depois, vi o cenário mudar abruptamente. De repente, as construtoras não conseguiam vender seus imóveis. Em consequência, o estoque aumentou, e os lançamentos diminuíram. A economia entrou em colapso e, com rapidez, o número de projetos diminuiu.

Com muita dor no coração, com uma sensação de perda horrível, tive que ficar só com duas salas.

Devolver um espaço nosso, todo projetado e sonhado nos mínimos detalhes, doeu muito.

Mas temos que ser frios quando o assunto é dinheiro. Ele não aguenta desaforo! Então, vamos diminuir os custos, diminuir a equipe e seguir em frente.

Por isso, tenho o cuidado de sempre estar me atualizando, fazendo cursos e colocando a criatividade, tão presente na arquitetura, a fim de encontrar soluções diferentes para esses novos momentos. Quem fica estagnado, lamentando a dificuldade, insistindo em fazer a mesma coisa não pode esperar resultados diferentes.

Nesse mesmo período, decidi fazer o curso "Meu Marketing", de Larissa Meira. E ela me despertou o gosto por estudar algo que eu fazia intuitivamente. Larissa me apresentou o marketing de maneira mais profissional, voltado para meu tipo de comunicação, comportamento, *branding*. Quanto à mídia social, Instagram e marketing digital, ela me abordou sobre:

— Su, você precisa ter um produto digital! Você tem muito a compartilhar, pode ajudar os outros arquitetos, contar a sua trajetória profissional, dar cursos *online*...

Caramba!

Na última reunião, em fevereiro de 2019, ela pediu que eu estabelecesse um prazo para um lançamento no universo *online*. Eu o estabeleci e fui atrás de conseguir cumpri-lo!

É difícil começar algo novo: exige bastante aprendizado, disciplina, força de vontade e coragem. O mundo tecnológico está aí, e não podemos virar o rosto para fingir que nada mudou.

Sair da mesmice me dá energia. Vibro em conhecer novos locais, novas pessoas e ter novos objetivos. Dou palestra, comecei este livro, fiz curso de marketing, mentoria em marketing digital, criei um site de projeto digital e fui convidada a dar aula para graduandos em uma universidade. Foi a primeira vez que fiz tudo isso, mas tudo está relacionado com o que amo e com o que sei fazer: ARQUITETURA.

Palestra da Portobello Shop de Fortaleza

LEIA COMIGO

Você está focado no que é realmente importante?

O livro *A única coisa* aborda o foco no que realmente importa. Essa é a única coisa. Aprenda o que for necessário, mas não se afaste do que é importante, do que você deseja, aspira e sonha.

KELLER, Gary W.; PAPASAN, Jay. *A única coisa*. Rio de Janeiro: Sextante, 2021.

ANO DE MUDANÇAS

Decidi aprofundar meus conhecimentos em marketing digital e, para isso, convidei Luciano Farias para dar uma mentoria sobre o assunto. Ele ia semanalmente ao meu escritório, cheio de simpatia e animação, e a mentoria durou seis semanas. Logo no início, ele passou uma tarefa: ler o livro *A única coisa*, de W. Keller e Jay Papasan. Eu aproveitei ao máximo: senti-me exatamente no meu projeto final de graduação da faculdade, curtindo muito todo o processo.

Na semana seguinte, estava com a cabeça fervendo de dúvidas, ideias e muitas coisas a conversar sobre o meu foco na profissão. Sempre foi arquitetura. Mas e o *NOW*? E o *NEXT*? O que seria esse processo digital? Como adaptar meus conhecimentos, minha experiência, minha visão, dentro de todo esse novo contexto?

No início, vimos como o SCF estava inserido no meio digital. Tiramos nota baixa... não estava conectada como deveria, meu site estava desatualizado, lento e não adaptado a dispositivo móvel. A foto da localização do escritório no Google estava errada, meu nome não aparecia quando procurava arquitetura de interiores, e eu não estava cadastrada em sites de busca de arquitetos.

Esse desafio só me animou a arregaçar as mangas. O SCF não estava na principal rede social de compartilhamentos de fotos e vídeos. Acreditam? Só estávamos bem no Instagram, com 20 mil seguidores, com boas fotos e conteúdos relevantes; mas só isso.

Também não tinha blog — e me deu uma vontade enorme de criar textos que pudessem ajudar novos arquitetos e estudantes da área.

O segundo livro para tarefa foi *O mensageiro milionário*, de Brendon Burchard. Minhas ideias borbulharam. Brendon nos anima a ajudar os outros, levar nossa mensagem, compartilhar, incentivar. Ele nos inspira a liderar, servir e fazer a diferença em muitas vidas. Uma frase sua me incentivou a escrever este livro. Ele diz: "Compartilhar sua mensagem com qualquer pessoa será sempre um ato significativo e uma trajetória verdadeira para o propósito e a realização na vida. Há significado em dar tutoria a outros e satisfação em servir". Tive ainda mais vontade de contar minha história e minhas experiências.

"Tecnologia é um produto da ciência e da engenharia que envolve um conjunto de instrumentos, métodos e técnicas que visam a resolução de problemas. É uma aplicação prática do conhecimento científico em diversas áreas de pesquisa", diz Brendon Burchard.

O mundo está a um clique. Vivemos em uma era digital, e muito da nossa vida e do nosso trabalho está no celular. A arquitetura tem que ser comunicada por meio dele também. Ela tem que falar a língua da nossa geração e acompanhar a evolução da sociedade.

Susana no podcast +Q Arq 2022

Comemoração de dois anos da coluna Tapis Rouge

Arquitetura humanizada *online* e *offline*

TEMPO DE REINVENÇÃO

CAPÍTULO 6

Trabalhamos com tendências e projetos, mas a vida tem suas surpresas.

"A moda me ensinou que é possível, sim, mudar e adotar pontos de vista que, em tese, nunca adotaria. Sempre há mais de uma possibilidade na vida. É só você se encaixar e se permitir viver."

Costanza Pascolato, empresária e consultora de moda

Falando em visibilidade bem construída, lembrei-me de quando conheci Pedro Franco, em 2018, na *Feira do Móvel*, em Milão. Em seu stand colorido e multifuncional, com a cara do Brasil, o criador da *A Lot of Brasil* esbanjava criatividade e estilo.

Ele me impressionou com seu jeito simpático e simples de ser, tratando nosso grupo de arquitetos com carinho e atenção. Comecei a acompanhar mais de perto seu trabalho e curtir mais as indicações do seu mobiliário, presentes nas melhores lojas da minha cidade. Mas o que realmente me marcou foi meu segundo contato com esse arquiteto e designer incrível!

Um ano depois, tive o prazer de ser recebida por ele e por sua encantadora esposa. Éramos um grupo de arquitetos de Fortaleza levados pela loja que amo, a Galpão D, para visitar os principais endereços da DW, a Design Week de São Paulo.

Fui conhecendo um pouco mais de sua história por intermédio de sua esposa, enquanto ele dava uma entrevista. Passei algum tempo analisando, estudando suas peças e observando um pouco daquele local inspirador.

A conversa com ele ganhou uma grande proporção para mim. Não sei bem como explicar. Reconheço que Deus manda pessoas para falarem conosco, junta algumas peças do quebra-cabeça da nossa vida. Pedro foi uma delas, com toda a sua criatividade misturada com irreverência, tecnologia e disrupção. No entanto, o que mais me chamou a atenção foi o seu empreendedorismo.

Foi incrível a conexão. Enquanto suas peças saltavam aos olhos de todos do grupo, eu fiquei imaginando o tamanho de sua visão; seu pensar grande — em um mundo que parece pequeno para receber tantas ideias. Sem uma mente brilhante, uma gestão de alto nível e um networking maravilhoso, ele não chegaria tão longe.

Com poucos minutos de conversa, contei sobre meu livro e falei sobre minha vontade de expandir meus conhecimentos muito além da arquitetura. E ele me disse: "estude sobre gestão". Na semana seguinte, estava matriculada em uma grande fundação para fazer MBA em gestão de negócios.

Não tenho como expressar minha alegria e meu encanto pelo privilégio da participação dele em meu livro. Com vocês...

PEDRO FRANCO

Conheci a querida Susana em Milão, no stand de minha marca, a A Lot of Brasil. Trocamos impressões sobre o evento, e expliquei o conceito da coleção que apresentava.

Nos revimos em meu atelier, localizado em São Paulo. Em tal conversa, falei sobre alguns preceitos que acredito ter sobre a beleza. Tenho uma visão de valores que, por mais que pareçam contraditórios, são complementares. Adoro parafrasear o poeta Fernando Pessoa, que eternizou que "os feios que me desculpem, porém a beleza é fundamental".

De fato, acredito que, desde partidos estéticos a valores espirituais (e até mesmo no sentido literal)

Susana e Pedro Franco na Feira do Móvel de Milão, 2023

há valores de beleza que se impõem ao feio. Porém, ao mesmo tempo, acredito que, antes de um pré-julgamento sobre a beleza, é fundamental entender o valor sobre um trabalho. Qual seu contexto histórico? Para que veio tal partido estético? Em que situação foi concebido?

Desta forma, o trabalho de aculturamento é fundamental por parte do artista e/ou do observador. Ele deve saber embasar seu pensamento, com discurso sólido e, sobretudo, verdadeiro.

Nada é mais lindo do que a verdade expressa em uma criação. Há belezas em obras que, por vezes, não são assim percebidas. E daí a importância da narrativa.

Há certo tempo, pré-julguei a estética do neoclássico. Confesso que não faz parte das minhas inclinações estéticas. Porém, outro dia, tive a oportunidade de visitar, em Vicenza, a arquitetura neoclássica em seu contexto original, da arquitetura de Andréa Palladio. Ali pude admirar e compreender a importância da arquitetura neoclássica em seu interior.

Uma arquitetura visionária, criada por Palladio no século XVI. Em meio a um mundo de arquitetura gótica e clássica, surge uma estética que viria a trazer novos valores, a simetria, o novo uso do frontispício etc.

Um princípio de proporção inédito. Quando olhamos a arquitetura de Palladio, com os olhos da época, nos deparamos com uma arquitetura de vanguarda, moderna e que quebrou paradigmas.

Assim devemos atentar a considerar a beleza. Seja para contextualizá-la, explicando e defendendo a nossa arte, seja julgando uma obra alheia.

OBA! OBRA

Após tantas ideias, resolvi criar um canal no YouTube. Ainda não tinha certeza sobre o que exatamente seria, mas sabia que não queria algo muito técnico, ensinando as pessoas a fazerem sozinhas algo em casa ou mostrando como projetar...

Pensava em mostrar a arquitetura de uma forma mais dinâmica, com continuidade. Nesse período, vendemos nosso apartamento e compramos um usado que precisava de uma grande reforma.

Então pensei: vou mostrar o passo a passo da obra do meu apartamento!

Esse projeto foi muito animador! Criei o nome "Oba! Obra" para mostrar uma obra de forma positiva e seu poder transformador. Sei que muitos têm receio de obras pelo transtorno, valor e tempo investidos.

Contratei uma prima que cursava Sistemas e Mídias Digitais, Aninha Clark, para ficar à frente desse projeto. Como ela ajudou! Quase vira arquiteta!

Convidei a agência de comunicação *Relevante*, que já tinha trabalhado comigo, para fazer toda a captação e edição de vídeos no YouTube. O dono da agência, Mario Accioly, gostou muito do novo projeto e fez um preço bem especial para viabilizar o negócio.

Planejamos as gravações: mostraríamos o apartamento como era inicialmente; depois, todo o projeto e as interferências que faríamos, juntamente com o passo a passo de todo o processo. Filmávamos toda semana, para não deixar nada sem registro.

Todas as empresas toparam participar e sabiam o quanto era importante divulgar seus produtos e mostrá-los de forma leve e descontraída.

Alguns meses depois, fizemos um evento na "InVoga" para comemorar o sucesso do projeto. Já eram quarenta empresas participando e vibrando com o modo como estávamos mostrando todas aquelas transformações e explicando o uso de cada produto.

Quando fui para a frente das câmeras, parecia que já fazia aquilo há muito tempo. Achei tão natural falar de algo em que eu tinha o domínio e que fazia parte da minha vida. No início, não imaginava a proporção a que esse projeto chegaria. Tudo o que aprendi e todas as pessoas que pude conhecer melhor me engrandeceram.

Nos vídeos, além do passo a passo da obra, fazia entrevistas com os fornecedores no local e mostrava as técnicas de cada material e como era aplicado. Foi um grande aprendizado.

A minha rede de relacionamento aumentou muito, e pude me aproximar de parceiros, e conhecer muitos outros. Que experiência!

Alguns meses se passaram, e surgiu um mundo que tenta encontrar o seu novo normal diante de uma pandemia. Toda essa difícil experiência de passar semanas dentro de casa aumentou o olhar para os lares, fazendo surgir um desejo de mudança.

No início da pandemia, recebi um telefonema do Adriano Nogueira, da *Tapis Rouge*, falando-me

Primeiras gravações para o YouTube do Oba! Obra, 2019

que, dentro de alguns meses, seria lançada a "TV Otimista", uma plataforma de televisão e *streaming* para as regiões Norte e Nordeste. Além disso, ele estava me convidando para estrear como apresentadora de entretenimento, ao estilo de apresentar um programa (que, até então, só existia no YouTube).

Se tivessem me perguntado, cinco anos atrás: "Você faria um reality de obra no Youtube?", confesso que não sei qual teria sido minha resposta. A ideia de apresentar um programa era algo novo para mim.

Fiquei superanimada com o convite, e, no final de 2020, estávamos estreando na TV. Eram três blocos de 25 minutos, e cada bloco era direcionado para um assunto específico.

O primeiro bloco tinha o objetivo de trazer as novidades do mercado de arquitetura, como novas lojas ou inovações na área da tecnologia. O segundo bloco tinha a função de mostrar o andamento de

SUSANA E SEUS
PAIS, MAURO
E SANDRA
CLARK, NO
EVENTO OBA!
OBRA, 2020

alguma obra específica. Semanalmente, escolhia uma para ser acompanhada, e mostrávamos todos os detalhes, passo a passo, até a sua finalização. No último bloco, falávamos diretamente com arquitetos, designers, engenheiros, donos de construtora, artistas entre outros profissionais. Eram entrevistas e conversas incríveis, com as quais aprendi muito.

O programa me deu a oportunidade de ampliar ainda mais minha rede de relacionamentos, criar e fortalecer laços com todos aqueles colegas e artistas. Como tinha que trazer assuntos novos, eu me atualizava continuamente, procurava novidades e, assim, aprendi mais sobre diferentes materiais e técnicas. No dia a dia do escritório, não tinha esse contato tão intenso com os lançamentos do mercado.

Passei um ano inteiro gravando, pelo menos, uma tarde por semana. Precisava criar conteúdos, convidar pessoas interessantes e conciliar a minha agenda com a da equipe de filmagem. Não sei como consegui, mas deu certo.

A primeira pessoa entrevistada foi muito especial: Pedro Franco (apresentamos um depoimento dele no capítulo 2 deste livro). Ele é um grande designer, arquiteto e empresário e estaria em Fortaleza a convite da "Galpão D" para um evento. Foi uma delícia de bate-papo.

Depois de um ano, vi que estava cansada de conciliar tantas coisas na minha vida e pedi para encerrar as gravações. Fiquei com pena, porque gostava muito, e as pessoas ficavam agradecidas pela oportunidade de falar na TV, mas senti que já estava na hora de finalizar esse ciclo. Temos que saber a hora de parar.

Com o intuito de continuar divulgando novidades e fazendo uma curadoria do que acho mais relevante, aceitei o convite de continuar no grupo do "Otimista", a partir de então, escrevendo em seu jornal, semanalmente, na coluna "Tapis Rouge".

Pude continuar, de forma mais leve, a me comunicar com os interessados em arquitetura, arte e design.

Com o "Oba! Obra" na TV, resolvi entender um pouco mais sobre estilo. Não sou muito de moda, prefiro me vestir bem, de uma forma atemporal, clássica. Já tinha ouvido falar da Costanza Pascolato, mas não sabia muito sobre ela. Comprei o livro *A elegância do agora*, que ela escreveu aos oitenta anos. Gostei tanto que li todos os seus outros livros: *O Essencial*, *Confidencial* e *O fio da trama*.

Entrevista para a TV Otimista, com João Fiuza (diretor da Diagonal Eng.), 2020

> **LEIA COMIGO**
>
> Identifico-me com Constanza quando ela eleva a importância do estilo e diminui a importância da moda. É exatamente como penso na arquitetura: é preciso termos o nosso olhar, que é único! Ou seja, precisamos enxergar a essência, distinguindo tanta coisa descartável do que é fundamental.
>
> Deixo aqui como dica de leitura dois livros da autora: *A elegância do agora* e *O Essencial: o que você precisa saber para viver com mais estilo.*
>
> PASCOLATO, Costanza. *A elegância do agora*. São Paulo: Tordesilhas, 2019.
> PASCOLATO, Constanza. *O Essencial*: o que você precisa saber para viver com mais estilo. Rio de Janeiro: Sextante, 2013.

ANO DE NOVIDADES

Nesse período, fui convidada pela curadora Márcia Travessoni[1] a escrever um texto para sua revista, *Márcia Travessoni Galeria*, voltada ao público cearense. E foi isso o que escrevi:

> *A elegância é a disposição marcada pela harmonia e leveza nas formas, combinação e proporção das partes. Desde a forma de se vestir, falar, até a busca por criar espaços que exalam sofisticação, vejo que a elegância é importante em todas as áreas. Como arquiteta, creio que ela deva estar ligada com o estilo.*

---

[1] *Márcia Travessoni Galeria* é um veículo de comunicação com foco no público cearense. Fazem parte do portfólio uma revista *online* e impressa, o site, um canal no YouTube, redes sociais, ações de cobranding, projetos como Conversa Galeria, MaxiModa, Concerto Anjos do Natal e outros. Tudo feito com a curadoria de Márcia Travessoni. Disponível em: https://marciatravessoni.com.br/living/susana-clark-fiuza-fala-sobre-como-personalizar-projetos-de-arquitetura/

E sabe qual é o melhor estilo? O seu! Ele está acima da moda — pois esta é passageira, enquanto a essência fica — e torna-se uma marca registrada onde quer que você esteja, inclusive no interior do próprio lar. Meu maior objetivo, quando sou convidada a projetar um novo espaço de morar, é descobrir essa essência. Algumas vezes é fácil, outras nem tanto, mas ela está sempre lá. Essa busca vem acompanhada de perguntas não tão óbvias. Sua casa é para quem? O que deseja de cada espaço? Quais sonhos você almeja que sejam vividos em cada ambiente? Quais memórias você quer eternizar? Formas, linhas, combinações e proporções são apenas elementos desconexos quando não estão relacionados com o interior. Por isso, junto aos clientes, buscamos nos conectar com as histórias deles, inspirações e vivências pessoais que tornam cada projeto único. Algo que não podemos esquecer: o excesso deve ser deixado de lado. Ele sempre pesa, enche e atrapalha a leveza tão necessária em cada cômodo. Prefira poucos móveis que tenham qualidade e design do que uma casa cheia de peças que não fazem sentido. Tão importante quanto o cheio é o vazio. Para isso, é necessário um layout bem projetado, mostrando a melhor solução e disposição dos móveis e das circulações. Além disso, devemos nos atentar aos detalhes, pois eles têm importância e ajudam a definir o estilo, seja ele moderno, contemporâneo, clássico ou industrial. Móveis com memórias afetivas, relíquias de família ou lembranças de viagem trazem alma aos espaços com personalidade, transformando-os em refúgio e transmitindo bem-estar. A junção de todos esses elementos resulta em sonhos realizados, memórias a serem construídas e histórias que foram materializadas em um projeto. E, para ajudar a construir seu estilo com elegância, deixo a frase da jornalista e consultora de moda Costanza Pascolato: "Respeite sua essência, seja você mesma. É o jeito mais inteligente de construir seu estilo e sua maneira de viver e se vestir".

ALÇANDO VOOS MAIS ALTOS!

Então, senti vontade de oferecer mais do que projetos e compartilhar minha experiência de tantos anos. E fechei um contrato de consultoria para uma grande pedreira, a "Granistone". Eles estão no mercado há mais de trinta anos, exportando pedras exóticas para todo o mundo, e, depois da pandemia, resolveram deixar 10% dos seus produtos dentro do país.

Por ser uma nova área de atuação, precisavam de ajuda para entender o mercado de arquitetura e divulgar seus produtos para os profissionais do meio. Eu adorei fazer esse trabalho.

Essa pedreira é a única que possui a pedra amazonita em grandes blocos. Essa pedra semipreciosa azul esverdeada é comercializada por um alto valor agregado em todo o mundo, e, em maiores formatos, só é encontrada no interior de Paraíba. Foi uma ótima experiência ter visitado esse local e ter visto como eles fazem a extração de forma sustentável.

Fiz uma viagem a São Paulo com a diretora da "Granistone", Janaína Menezes. Passamos a semana fazendo contatos com grandes escritórios de arquitetura,

Susana no bloco de Amazonita da Granistone, Paraíba, 2022

gravando vários vídeos nos espaços da CASACOR em que havia essas pedras aplicadas. Foi incrível representar a empresa e ver o sucesso dos produtos; a aceitação foi unânime. Sete ambientes utilizaram esses materiais naturais e divulgaram, em alto estilo, na cidade mais movimentada do país.

Minha primeira palestra em São Paulo foi no "Núcleo Casa", para quarenta arquitetos — e foi demais! Falei sobre as tendências para o futuro, a Semana de Design de Milão de 2022 e explanei sobre os tipos de pedras, suas cores, seus nomes e suas aplicações.

Quando terminei, a pessoa do marketing da empresa me falou que nasci para palestrar. Ouvir isso me encheu de alegria. Descobri que adoro falar em público e compartilhar informações sobre arquitetura.

Voltei para Fortaleza superanimada, com vontade de desenvolver essa nova habilidade.

No ano seguinte ministrei algumas palestras e fiz workshops em lojas parceiras. Depois de alguns meses e muitas conversas com uma amiga arquiteta, Carol Dias, criamos o curso "Arquitetura na Prática".

Nosso objetivo é compartilhar nossa experiência (juntas, temos 44 anos de mercado) com futuros e novos arquitetos. Mostramos a realidade de um escritório e tantas habilidades que são necessárias para uma trajetória bem-sucedida.

Os assuntos são os mais importantes e diversos, como Gestão de Pessoas, Autoconhecimento, Liderança, Finanças, Marketing, Branding etc. Tudo o que aprendemos somente na prática, depois da faculdade.

Peço a Deus que, mais uma vez, abençoe esse projeto e que possamos ajudar estudantes e tantos profissionais a encontrarem seu propósito e terem foco em um mundo com tantas opções e distrações.

O que é sucesso para você? Você já deve ter ouvido a frase "Escolha um trabalho que você ame e não terá que trabalhar um único dia em sua vida". Nunca tinha faltado paixão para mim na minha profissão. Sou intensa e curto minha trajetória. Mas devo confessar que os últimos anos me desanimaram um pouco: fluxo de trabalho oscilante, projetos que não terminaram bem (seja por falta de uma boa execução ou por falta de recursos), a dificuldade de cobrar um valor justo (seja pelos preços baixos da concorrência, seja pela queda de poder aquisitivo da classe média alta)... Isso tudo me entristeceu e me decepcionou. Não me achava mais tão bem-sucedida. Passei a reclamar muito e enxergar mais dificuldades do que benefícios, pensando mais no dinheiro do que na realização. Em meio a tudo isso, minha filha mais velha, com dezessete anos, entra na faculdade de arquitetura na Universidade de Fortaleza. Muito orgulho e alegria por vê-la seguindo os meus passos, mas triste, por saber de todos os desafios que ela enfrentaria.

Então, várias pessoas começaram a falar que assistiam ao meu programa, que liam minha coluna semanal e que me acompanhavam de perto nas redes sociais, sempre encantadas com a transformação que fazíamos nos espaços. Isso foi me mostrando a beleza da arquitetura e me fazendo ver, de novo, toda aquela emoção causada por um bom projeto.

Além disso, uma palestra do Benedito Abbud me tocou, ao vê-lo com todo seu entusiasmo e sua dedicação ao paisagismo aos setenta anos de idade. Ele passava pelas mesmas dificuldades de qualquer arquiteto, mas mantinha sempre o humor, a vontade de crescer e a experiência de fazer projetos cada vez mais importantes, com grandes escritórios internacionais. Saí de lá energizada — seja lá o que isso signifique —, mas envergonhada, ao mesmo tempo, por saber que eu também tinha esse brilho todo, mas estava meio apagado.

Mirabeau afirma que "somente os homens de fortes paixões são capazes de abraçar a grandeza", e Zig Ziglar diz: "O caráter faz com que você se levante da cama de manhã, o compromisso leva-o à ação e a fé, a esperança e a disciplina possibilitam que você cumpra os seus propósitos".

Tenho sucesso... por mais "enganchadas" que as coisas estejam. E a maior prova dele é quando vejo esse amor pelo que faço transbordando de mãe para filha...

> **LEIA COMIGO**
>
> No livro *Além do topo*, encontrei o que estava faltando para fazer as pazes com minha carreira. Eu precisava:
>
> (1) Ser mais encorajada a lutar e vencer os desafios.
>
> (2) Ter estabilidade emocional em um mundo onde empregos estáveis não existem mais.
>
> (3) Mudar minha autoimagem e melhorar minha percepção do que a vida tem a oferecer.
>
> (4) Desenvolver atitudes e habilidades certas, e um caráter que sirva de base para garantir um sucesso equilibrado.
>
> ZIGLAR, Zig. *Além do Topo*: o sucesso e sua felicidade não têm limites. Rio de Janeiro: Thomas Nelson Brasil, 2011.

SUCESSO É O EQUILÍBRIO
DOS ASPECTOS FÍSICOS,
MENTAIS E ESPIRITUAIS DA VIDA,
BEM COMO DOS PESSOAIS,
FAMILIARES E PROFISSIONAIS.

SABRINA CLARK FIUZA

Oiee! Sou Sabrina Clark Fiuza, mas pode me chamar de Bina. Mamãe, ou melhor, Patroa (como a chamo carinhosamente) me convidou para contar um pouco sobre como tem sido minha experiência de cursar arquitetura e urbanismo, e tudo que me influenciou a escolher essa linda profissão.

Desde pequena, acompanhava de perto a mamãe indo e vindo do escritório e das obras, para cima e para baixo, uma verdadeira correria. Não reparava tanto como era o mundo real, com tantos problemas para resolver e tanta pressão que cerca um adulto.

Lembro-me de chegar em seu escritório para imprimir desenhos e colorir, enquanto a via trabalhando, em ligações ou em reuniões com várias pessoas. Eu não sei explicar, mas me sentia bem naquele ambiente; eu amava. O cheiro, o aconchego do local, o som das teclas de computador e... a parte de que eu mais gostava era comer os biscoitos que serviam para os clientes. Havia um chocolate em formato de pedrinhas coloridas, que ela trouxe de alguma viagem, para servir nas reuniões. Eu pegava uma mão cheia desses chocolates e passava horas pintando os desenhos que tinha imprimido.

Na época da escola, achava a vida difícil, e meus pais falavam "Ainda nem começou. Você vai sentir saudades dessa época, é tudo mais fácil, você só tem que estudar". Hoje estou no segundo semestre de arquitetura, trabalhando, treinando três horas por dia na seleção de vôlei da Unifor (Universidade de Fortaleza) e já estou achando puxado. E quando a faculdade ficar mais difícil e tiver que trabalhar mais? Meu Deus! E agora?

Susana e a filha Sabrina, na Fiera Milano Rho Exhibition Centre, 2023

Então, por que arquitetura?

A arquitetura sempre me encantou. Ver aqueles prédios lindos, edifícios futuristas, casas modernas com muitas esquadrias me deixam empolgada. Diferentemente da minha mãe, não gosto de interiores (pelo menos, até agora, não muito); prefiro fachadas e volumetria de edifícios. Pode até ser que um dia eu venha a fazer interiores para aprender um pouco mais e ter experiência.

Lembro do rosto da minha mãe, e todos os seus traços mostravam o quanto ela ficava feliz em finalizar um apartamento. Ela dizia que era uma das etapas mais gratificantes: a tal da finalização. É quando se colocam tapetes, adornos, flores, almofadas, quadros e esculturas. Mamãe não cansava de dizer o quão trabalhoso era escolher tudo nas lojas, marcar um horário ideal para o fotógrafo, florista e com o cliente, arrumar-se toda para foto... Enfim, mil e uma coisas para administrar e fazer com capricho.

Eu a via coordenando tudo, escolhendo a posição dos livros na mesa de centro, o arranjo nas estantes, conversando com o cliente e, ao mesmo tempo, com o pessoal das lojas parceiras... Aff, fico cansada só de tentar descrever. Mas ela amava, ou melhor, ela ama. No final do dia, com a sensação de dever cumprido e todo o processo finalizado, ela abria um sorriso, como se quisesse dizer com todas as letras: valeu a pena! Todo esse trabalho de combinar e arrumar essas miudezas não é para mim. Seria um trabalho muito mais cansativo do que realmente é. Isso porque não é a área da arquitetura com a qual me identifico.

Voltando... Sempre tive uma facilidade muito grande para desenhar traços firmes. Enquanto, na escola, todos usavam uma régua para escrever na cartolina e deixar a apresentação mais organizada, eu não precisava. Quando jogava jogo da velha com minha avó, ela ficava admirada de como eu fazia as linhas retinhas e já dizia que isso era único, que não era todo mundo que tinha essa facilidade.

Sempre tive esse lado artístico. Desenhava primeiro com traços leves, com a mão mais delicada — para, depois, passar um traço mais grosso em cima e delimitar o desenho. Desenhar fraco para apagar, se errasse, e não deixar marca no papel. Para mim, isso sempre foi óbvio, da mesma forma que, para muitos, é óbvio que existam cargas positivas e negativas. Não tenho e nunca tive tanta facilidade para biologia, química e física, mas, para desenhos e esportes... Isso é comigo, mesmo!

As pessoas que fazem arquitetura não precisam (ou não sabem) desenhar bem, necessariamente. Hoje em dia, existem inúmeras plataformas de desenho técnico que os arquitetos usam para projetar, como Autocad e Revit.

Para ser sincera, sou do time do lápis e papel. Uso o computador para trabalhar no marketing e escrever, mas tem seu momento. Enquanto meus amigos da faculdade estão contando os dias para passarem o projeto para o computador, eu estou curtindo cada trabalho, usando escalímetro, régua paralela e esquadros. Amo escrever, usar caderno e caneta, ter agenda física, marca-texto e post-it. Sou apaixonada por papelaria e afins.

Tinha catorze anos quando eu e minha família viajamos para a Europa em 2019. Enquanto minhas primas compravam bolsas, maquiagens e sapatos, eu me realizava nas livrarias, comprando canetas de todas as cores possíveis. Simplesmente gastei todo meu dinheiro nessa *brincadeira de montar minha própria papelaria. Não me arrependi. Eu ainda uso os materiais na faculdade e dou para minha irmã, que agora entrou nessa fase de passar horas e horas pintando e repintando o caderno da escola.*

Isso tudo para dizer que pensei em outras profissões, talvez medicina ou odontologia, mas o desejo de fazer arquitetura sempre esteve em mim. Quando eu tinha dez anos, a mamãe ganhou um caderno com folhas quadriculadas de alguma loja parceira. Apaixonei-me por ele. Peguei emprestado e comecei a projetar sem ela saber.

Achava-me uma verdadeira arquiteta. Com lapiseira e esse caderno, imaginava um perfil de algum cliente, escrevia atrás da folha o que ele queria que tivesse no ambiente e começava a projetar várias plantas baixas. Tudo fora de escala: um berço do tamanho de um armário, uma piscina do tamanho de uma poltrona, portas por onde só passaria uma criança... Passava o dia desenhando, enquanto a professora dava aula de matemática e português.

Comecei a trabalhar no meio do ano de 2022, indo para o segundo semestre da faculdade, e percebi que essa vida de adulto é realmente muito puxada, do jeito que meus pais falavam. Tudo está muito mais caro, não tenho vontade de comprar mais nada. No dia em que entrei no estágio, comecei a transformar todos os valores que via pela frente em horas de trabalho. É estranho como dá pena gastar nosso próprio dinheiro. Gostava mais da mesada, era mais fácil. Enfim, não tem para onde correr, tem que trabalhar mesmo.

Apesar disso, estou amando o estágio de marketing no escritório SCF. Minha mãe sempre deixou bem claro que eu seria tratada igualmente à equipe, com respeito, mas sem favoritismo ou adulação. Tem que ralar como qualquer outro. Ela falava:

— Nesse horário que está no escritório, você está estagiando, o trabalho deve ser levado a sério.

Nossa, como admiro minha mãe. Ela está certíssima. Se eu não aprendesse desde cedo a ter disciplina e lutar pelo que quero, como seria meu Eu profissional do futuro? Para conseguir trabalhar de manhã, passei minhas disciplinas da faculdade para o turno da tarde e estou amando. Minhas aulas acabam exatamente no horário em que o sol se põe. Os raios laranja do sol batem nas folhas das árvores, que fazem sombra para quem se senta na grama, embaixo delas. Escuto o som dos pássaros voando, as pessoas conversando, e é nesse momento que agradeço a Deus por estar sempre cuidando de mim; louvo-O por meio da sua criação. Como Ele é poderoso e perfeito!

Resumindo, estou curtindo demais esse período da minha vida, do início do curso de arquitetura e do trabalho com a mulher que mais admiro e amo neste mundo. Estou no outro extremo da minha mãe: ela, com 21 anos de formada, e eu, começando a faculdade agora. Mas já posso dizer que é uma profissão que requer muita dedicação e perseverança. O mundo, a moda e a arte estão sempre mudando, e, consequentemente, os arquitetos têm que estar sempre se renovando, acompanhando o mercado e as tendências. É necessário ter muita criatividade e garra, mas sei que vale a pena todo o esforço, quando fazemos o que amamos.

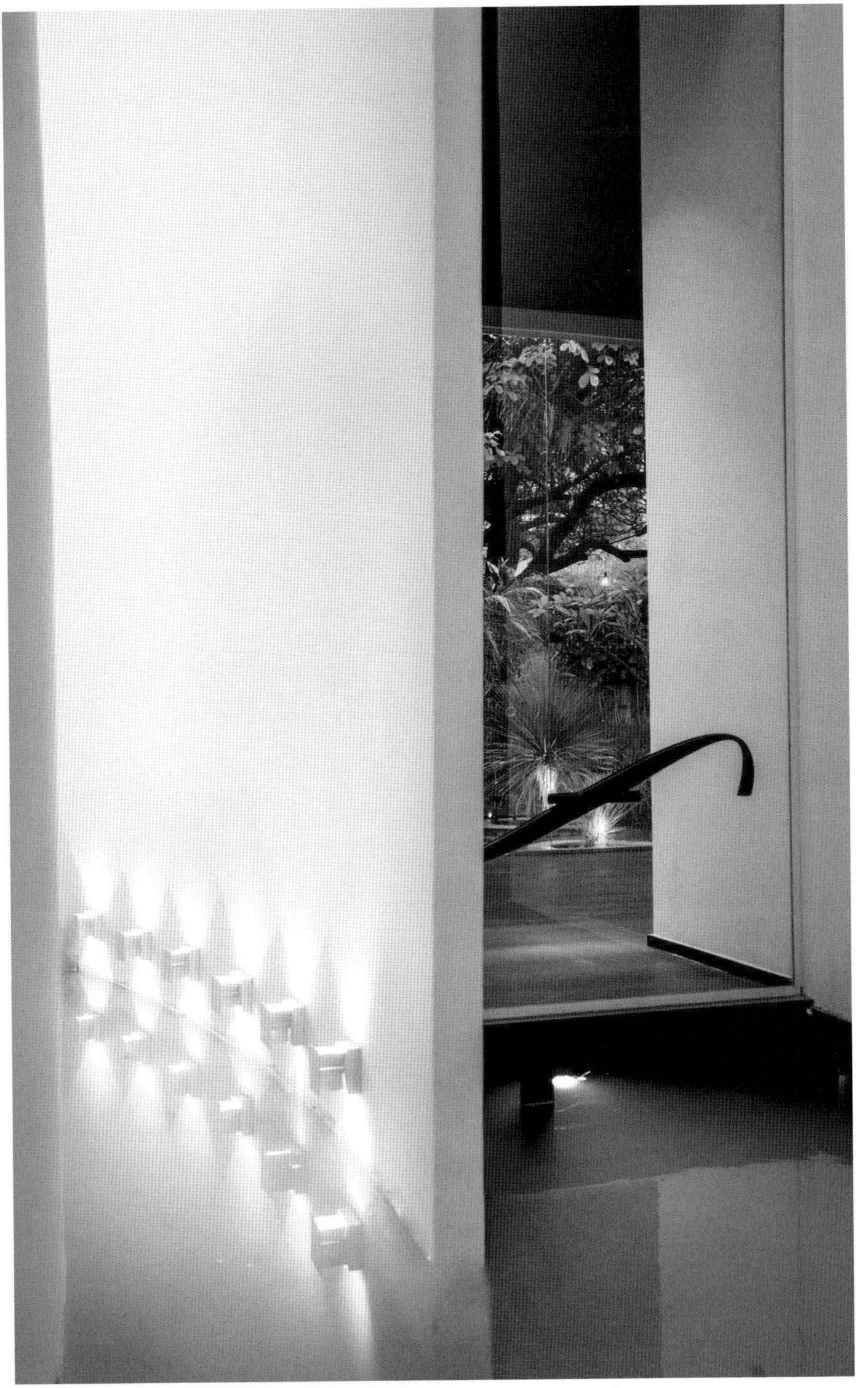

Destaque 2015/16
Susana Clark Fiúza

# NINGUÉM NASCE SENDO REFERÊNCIA, TORNA-SE UMA

CAPÍTULO 7

Quais são os desafios para se tornar referência na carreira de arquitetura?

"*A disciplina é a parte mais importante do sucesso."*
Truman Capote, escritor, roteirista e dramaturgo

Tive o prazer de ouvir uma palestra do comediante Murilo Gun, um dos pioneiros da internet no Brasil e da comédia stand-up, em São Paulo. Além de sua inteligência com muito humor, foi interessante quando ele falou de colocarmos "output" (para fora) o conhecimento e não ficarmos só o colocando "input" (para dentro).

O conhecimento está ao acesso de todos e podemos assistir a palestras com uma facilidade cada vez maior, de qualquer lugar do mundo, baixar livros imediatamente no Kindle e acessar sites com muito conteúdo quando quisermos.

Essa é uma facilidade recente e uma vantagem moderna, se comparada com poucos anos atrás, quando precisávamos ir a bibliotecas para procurar determinados assuntos ou pesquisar em enciclopédias enormes (alguém aí é da época da Delta Larousse?).

No entanto, ao mesmo tempo, essa facilidade toda pode fazer com que tantas informações não sejam "digeridas" como deveriam. E, não sendo internalizadas, não causam a transformação necessária.

Esses conteúdos só servirão para quem os consome, se causarem transformação, se forem colocados "para fora", se forem o início da mudança (ao serem praticados).

Talvez você tenha gostado do que leu até aqui, tenha achado tudo muito interessante e tenha feito sentido para você. Algumas fichas caíram, ou melhor, você teve vários *insights* na sua vida profissional ou familiar. Isso é ótimo; é um bom começo! Mas, se elas não causarem mudanças, de nada servirão todos esses pensamentos.

O que o impede de colocá-los em prática? Falta coragem e determinação? Falta disciplina? Falta um foco definido? Ou falta um desejo tão forte que o mova a sair da sua zona de conforto?

É meio sem nexo desejarmos tanto uma coisa, mas não estarmos dispostos a pagar o preço para alcançá-la, abdicando de outras coisas menos importantes para priorizar o que realmente importa.

O mais importante é estar claro, em nossas mentes, aonde queremos chegar. Com esse foco bem-definido, precisamos aprender como chegar lá. Então, agora, vamos à primeira coisa necessária para se tornar uma referência: AÇÃO!

No meu caso, sempre gostei de agir. Agir rápido, sem esperar as coisas acontecerem por si só. Temos que traçar planos bem práticos, para que nosso caminho siga o rumo correto. E o resultado é fantástico! Recebemos a recompensa do trabalho duro, das horas investidas e de um bom planejamento. Recebemos a satisfação do nosso cliente, os elogios e o reconhecimento da nossa marca, que passam a significar profissionalismo e competência.

O ano de 2018 foi bem desafiador para meu escritório. Até os mais otimistas passam por momentos em que precisam de uma energia extra. E, nesse ano, fui convidada por uma das maiores construtoras de Fortaleza a assinar o espaço dela na CASACOR, em comemoração de seus cinquenta anos. Fui chamada para sair em três capas de revista, fui para Isaloni, em Milão, levada por uma grande marca de modulados, e tive reconhecimento no mercado. Parece que a dificuldade foi recompensada.

Algo que me enche de alegria é ver a quantidade de estudantes e arquitetos que têm o sonho de trabalhar no nosso escritório. E, mais ainda, a gratidão quando terminam seu estágio e reconhecem o quanto cresceram e aprenderam conosco durante esse período. O mais recente convite para dar aula no curso de extensão da Unifor demonstra que nossa trajetória deixou um exemplo no nosso meio. Quer saber o meu segredo?

Combinação de AMOR pelo que faço com DETERMINAÇÃO para alcançar meus objetivos.

Desistir nunca fez parte do meu caminho, porque sabia aonde queria chegar. Então, ia em frente com muita energia — e não tinha tempo de parar ou esmorecer.

O que tem acontecido fortemente comigo, nos últimos anos, é uma enorme vontade de aprender mais sobre assuntos diversos que vão me ajudar, mais

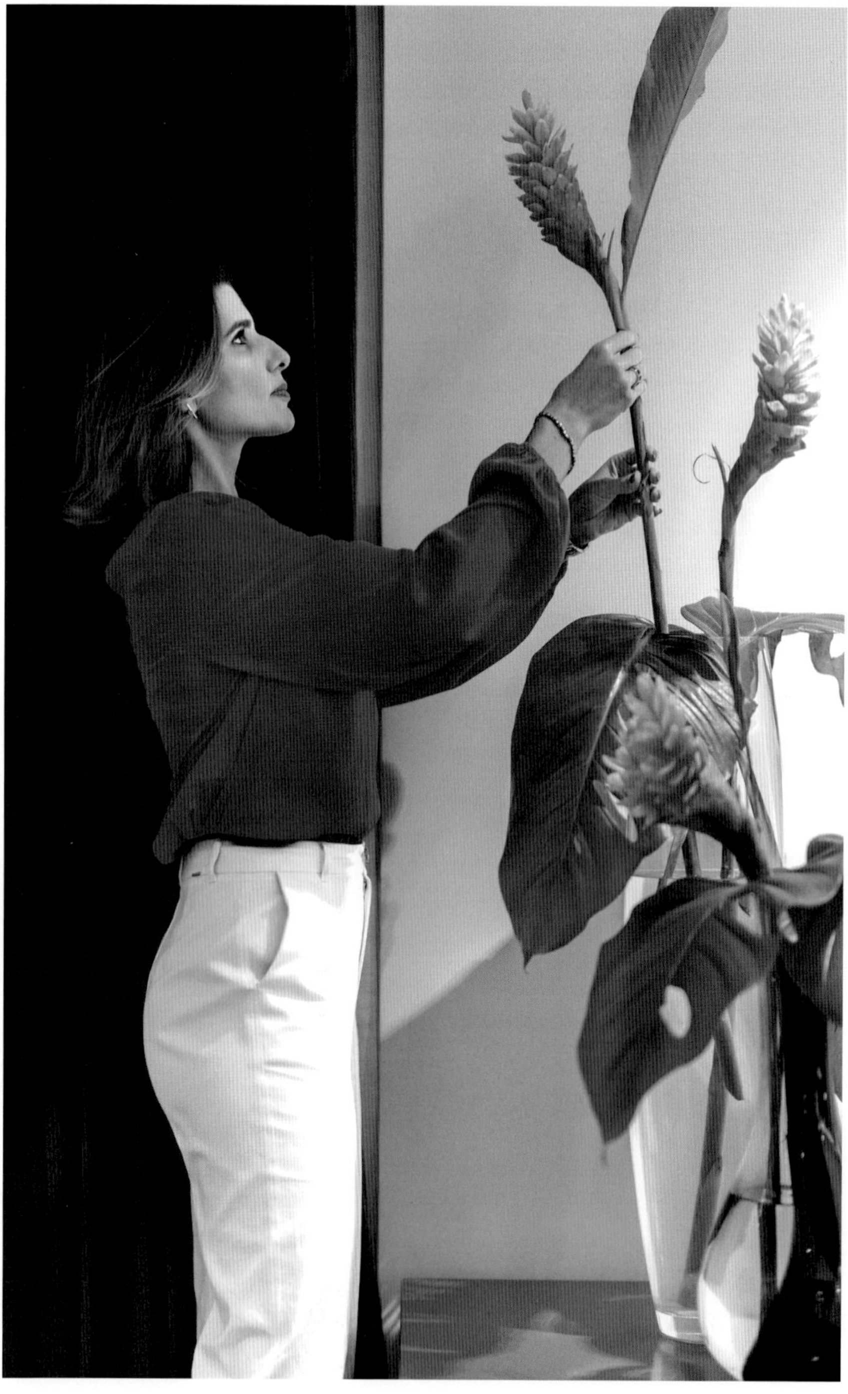

ainda, como arquiteta. Tenho feito cursos de oratória, para dar aulas e preparar palestras. Tenho lido muitos livros — e isso também me deu mais coragem de escrever este para vocês. Essa é a segunda coisa importante para se tornar referência: aprender, desaprender, reaprender e compartilhar.

Tudo relacionado com a minha "única coisa": arquitetura! Mais uma forma de me reinventar como tal!

Acredito ser de extrema importância entendermos que nosso trabalho é uma profissão, e não um hobby, um passatempo. Precisamos de uma proposta de serviço clara que transmita ao cliente o tipo de trabalho e tudo que o envolve.

A maioria dos arquitetos não tem conhecimento sobre gestão de negócios. Estudamos a arquitetura, mas não desempenhamos somente esse papel. Muitos têm seu próprio escritório, o que os torna empresários. Mas sabemos gerir uma empresa? Temos experiência em marketing, em finanças, processos e administração, de forma geral?

> **LEIA COMIGO**
>
> Ganhei o livro *Os 7 hábitos das pessoas altamente eficazes*, mas só li anos depois. Parece que foi o melhor que podia acontecer quando eu estava pronta para seus ensinamentos, para a importante renovação da qual ele trata. A frase de Aristóteles me chamou atenção e é um bom resumo: "Somos o que repetidamente fazemos. A excelência, portanto, não é um jeito, mas um hábito".
>
> COVEY, Stephen R. *Os 7 hábitos das pessoas altamente eficazes*: lições poderosas para a transformação pessoal. Rio de Janeiro: BestSeller, 2022.

SER REFERÊNCIA NÃO É SER
FAMOSO, É SER CAPAZ
DE INSPIRAR E DE REPASSAR
O CONHECIMENTO
PARA OUTRAS PESSOAS.

Esses foram alguns dos motivos para eu fazer especialização em gestão. Precisamos ter essa visão empreendedora, antenada no mercado, nas novidades, implementar processos para melhorar nossa entrega ao cliente.

A nossa arte precisa ser vendida como os honorários de um advogado, embora o produto seja diferente. Não podemos ter vergonha de falar de dinheiro; eu não entendo bem o porquê desse tabu.

Amamos o que fazemos, mas isso não diminui o fato de que precisamos de recursos, como todo profissional. E não é só para pagarmos as contas do escritório. Não podemos nos contentar com só não ter prejuízo, tampouco com entradas só um pouco maiores do que as saídas. Como teremos recursos para investirmos no nosso próprio negócio? Para estudarmos, viajarmos, irmos a feiras internacionais, fazer cursos, comprar máquinas mais potentes, ter acesso às mais novas tecnologias? Para isso, precisamos de dinheiro.

Vemos, tantas vezes, dinheiro ganho de forma desonesta ou sendo mal utilizado que, às vezes, não encaramos como ele é. Cabe a nós utilizarmos os recursos para desenvolver nossos escritórios, contratar pessoas capacitadas, empresas que nos auxiliem em diversas áreas importantes, como a contabilidade ou o marketing.

Agora vamos ao terceiro item que precisamos desenvolver para nos tornarmos referência: profissionalismo.

Sinto que ainda precisamos percorrer um longo caminho até chegarmos ao ponto de nos ajudarmos mais uns aos outros profissionalmente. E essa é a quarta necessidade para sermos referência. Vejo tantas associações de médicos e engenheiros tão unidos pelo objetivo comum da profissão. Isso os torna mais fortes.

É sempre uma alegria encontrar arquitetos em eventos da área e em viagens, mas teria que ser bem mais do que isso: não temos a cultura de lutar pelos mesmos direitos, melhorando nosso relacionamento com o cliente e com a sociedade. Mas cabe a nós nos posicionarmos com mais afinco; juntos podemos transformar nossa classe. Espero que a concorrência dê lugar à união, para que possamos fazer parcerias saudáveis e fortes. Trabalhar sozinho não deve ser uma premissa para a vaidade. Não podemos deixá-la crescer e tomar conta das nossas posições e decisões.

Mesmo quando trabalhamos sozinhos, temos os fornecedores e os clientes como parceiros. Para mim, o sucesso de um projeto é mais do que um resultado bonito e harmonioso. Muito além da estética, existem pessoas que vão usar, diariamente, aqueles locais — e elas têm formas diferentes de pensar. Temos um papel fundamental em transformar espaços, racionalizar fluxos para um melhor aproveitamento, compor a estética do todo e formar um ambiente agradável.

Para mim, o resultado só será um sucesso se existir a satisfação do cliente. O caminho é longo; às vezes, difícil; mas extremamente necessário. Precisamos ensiná-los a lidar com os fornecedores, a analisar seus próprios interesses e suas próprias necessidades, além de conseguir expressar desejos e expectativas.

Quantas vezes nossos clientes não sabem dizer o que querem? Falam e contam histórias do que precisam, mas, algumas vezes, não é o que realmente desejam. Precisamos ter a arte de identificar esses padrões, conseguir conversar, proporcionar segurança e orientar esse caminho, para que, juntos, consigamos o melhor resultado possível.

Outro ponto importante é termos uma visão mais profunda do que simplesmente pensar um projeto bonito. A utilização de materiais adequados ao uso, com todas as suas especificações técnicas é de extrema importância. A escolha do local das áreas de trabalho, visando um bom funcionamento, facilita e economiza tempo de quem os utiliza. Compatibilizar os pertences de cada cliente é algo único e pessoal, e nós precisamos descobrir essas variáveis, mesmo que ele não solicite.

Não podemos pensar em ser referência sem um trabalho profissional que valorize o cliente. Um olhar capaz de entregar mais do que o esperado: essa é a quinta coisa necessária para que um profissional de arquitetura se torne referência.

Há nove anos, fui convidada por um casal novo, muito simpático, para projetar seu primeiro lar. Depois de alguns anos, tinham acabado de se casar e queriam reformar e ambientar o imóvel que era da família. O apartamento ficou lindo, e já deu para perceber o capricho e o gosto apurado daquele promissor casal de advogados. Num segundo momento, eles me chamaram para fazer o quarto do bebê!

Cinco anos depois, fui contratada por um escritório de advocacia com quatro sócios, sendo um deles esse advogado para o qual eu já tinha feito um projeto. Foi um enorme desafio e prazer deixar o escritório deles sofisticado, moderno e elegante. O bom gosto e o esmero eram a premissa daquela empresa.

Dois anos depois, pela quarta vez, fui contratada por esses clientes — que posso, agora, chamar de amigos — para fazer o projeto de sua mais nova residência. Na verdade, a confiança deles em mim é tanta que me procuraram antes de comprar o imóvel. Queriam saber minha opinião e que eu os ajudasse a decidir pela melhor opção.

Terminei esse apartamento de 344 m², uma verdadeira obra-prima, mas estou longe de ser a única responsável por ela. Diria que foi um trabalho em conjunto, no qual eles participaram, opinaram e deram muitas ideias.

Criei o projeto com um enorme carinho, desenhei à mão e pintei meus croquis, como gosto de fazer. Porém, para esses desenhos se materializarem, existia um longo e árduo caminho. Um caminho que precisava de visão, credibilidade, alto investimento financeiro e força de vontade de todas as partes.

Eu e a equipe SCF fomos inúmeras vezes à obra, acompanhamos todas as etapas incansavelmente, ajudamos a organizar, cobramos dos parceiros e fizemos tudo acontecer como estava previsto no projeto.

SUCESSO PROFISSIONAL É A SOMA DE CAPACITAÇÃO, ESFORÇO DIÁRIO E OPORTUNIDADES.

Mas tudo isso seria em vão, se não fosse o enorme desejo do casal de ver aquilo sendo realizado. Ou, melhor: perdoem-me o "ver"... foi o "agir" deles que fez a diferença. O que concretizou todo esse sonho foi o acompanhamento quase diário, seu empenho e a confiança colocada em mim, na minha equipe e em todas as empresas envolvidas.

Felipe Braga e Thais Bitar, meu carinho e agradecimento por poder fazer parte da vida de vocês de uma forma tão especial. Vocês merecem ser muito felizes no apartamento mais extraordinário que já projetei — e que realizamos juntos.

E, com isso, entramos em outro tópico para nos tornarmos referência: a prática. Ela não é a ação, é a repetição da ação. A faculdade é uma base de extrema importância técnica, onde podemos entender e ter uma visão geral do que envolve nossa profissão.

Causa-me tristeza quando vejo a quantidade de arquitetos que se formam sem experiência alguma, sem maturidade para enfrentar o mundo real. Para para ser executado, cada traço do projeto exige responsabilidade, precisa estar bem-pensado e compatível com todo o restante.

Inúmeras vezes, entrevisto profissionais que passaram a faculdade inteira sem visitar obra nenhuma. Não aprenderam como os profissionais executam todo o processo do desenho, como fazem a leitura do projeto, do que necessitam para uma boa realização.

Procuro desenvolver isso nos estagiários do escritório. Não precisamos de desenhistas que somente transfiram a criação para um programa ou coloquem cotas e façam cortes de vistas anteriormente concebidas. Os colaboradores precisam entender o motivo de cada traço, como funciona o móvel, como vai se sustentar, quais os cuidados a serem tomados etc.

O que posso fazer para me tornar referência? Eu diria que são vários fatores, um conjunto harmonioso de vários requisitos. Amar o que se faz é o maior pré-requisito. Sentir um prazer enorme de realizar, de cumprir seu objetivo e se apaixonar diariamente por ele. O seu trabalho lhe dá prazer? Dá recompensas que o dinheiro não paga? Traz amigos? Seguidores? Fãs? Admiradores?

Começo meu dia cheia de energia. Depois do meu devocional e de um exercício físico que faço às 5h30 da manhã, diariamente, vou, com muita animação, a uma obra, ao escritório ou direto para alguma reunião. Amo o que faço, e faço porque amo!

Gosto demais de vender. Um grande amigo me falou que eu ganharia mais vendendo imóveis. Acho que ele tinha razão; gosto de persuadir, de argumentar, de convencer! Mas prefiro fazer isso dentro da arquitetura.

Depois de descobrir sua grande paixão, é preciso saber quais são os seus objetivos. Aonde você quer chegar? Qual é o tamanho dos seus sonhos?

O próximo passo: Como chegar lá? O que preciso fazer para conseguir essa meta? Quais cursos preciso fazer? Quais habilidades necessito desenvolver? E, para mim, o segredo de tudo... o mais importante para ser referência: constância.

Ela vale ouro! Vale seu nome estar entre os melhores não durante um ano ou dois, mas durante décadas. Esses anos mostram que seu nome é sinônimo de profissionalismo, crescimento, amadurecimento constante.

E só assim você se torna uma referência no que faz.

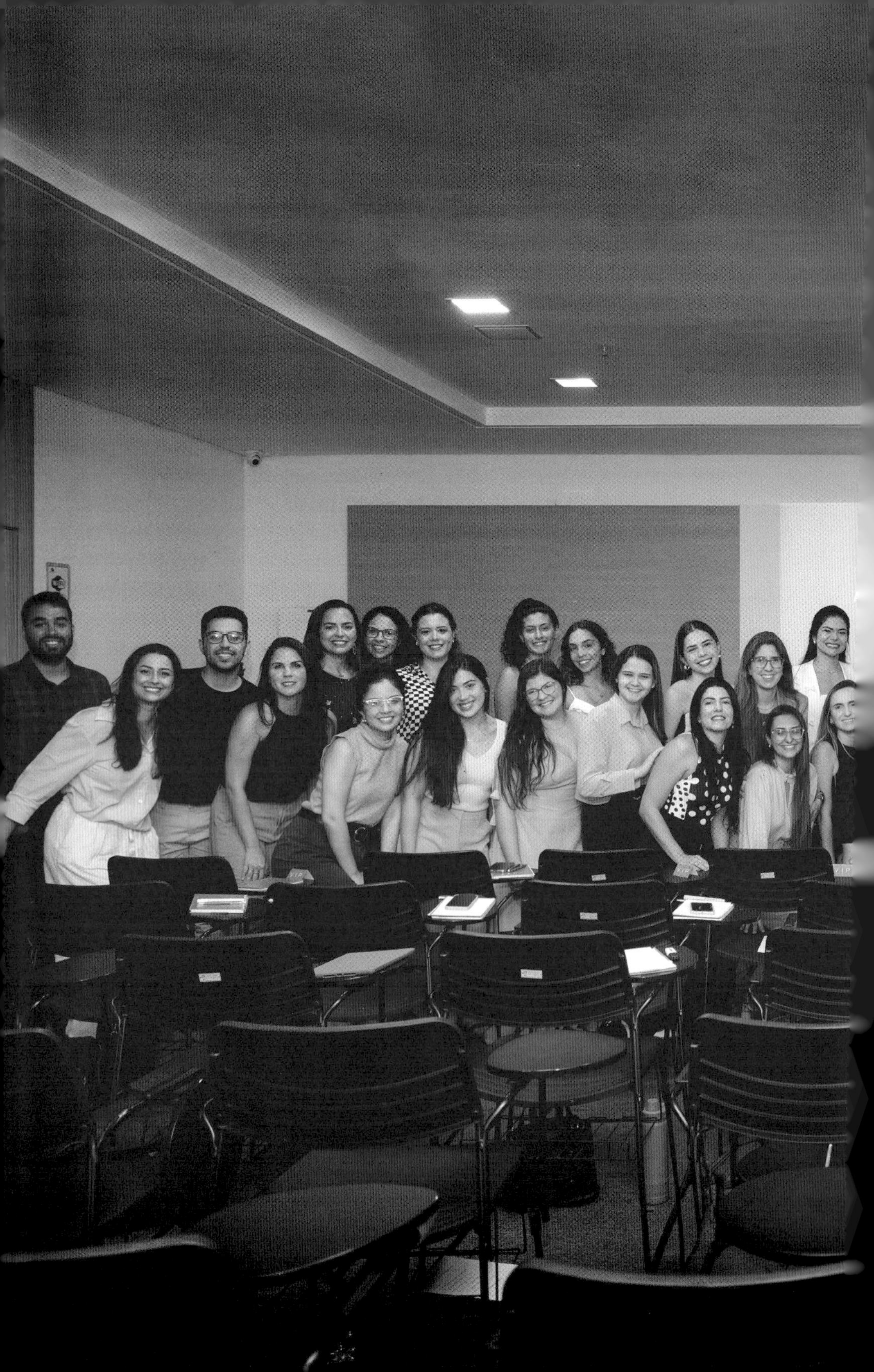

O QUE ENSINO COMO ARQUITETA DE INTERIORES

EPÍLOGO

Que possamos viver a arquitetura
na prática e na vida.

Não precisamos abrir a boca para ensinar. Muito mais alto do que a nossa voz, os nossos comportamentos e as nossas atitudes falam bastante sobre quem somos e o que queremos transmitir. Nossa postura, nossa ética e nosso profissionalismo ensinam o que valorizamos.

Até o modo de vestir-se ensina algo. Elegância? Sensualidade? Desleixo?

Nossa vida precisa fazer sentido em todas as áreas. É essencial vivenciarmos o que ensinamos, aprender diariamente (com crianças e idosos, principalmente) e sermos a mudança que queremos ver nos outros.

O arquiteto ensina ao conduzir a obra. Muitas vezes é a obra da vida, o sonho tão esperado. O arquiteto vive sonhos, expectativas e desejos. Ele concentra, em seu poder, uma responsabilidade enorme de realizá-los dentro do seu alcance.

Que possamos deixar um exemplo nas vidas das quais participamos.

APOIO:

Esta obra foi composta em Alda OT CEV 12 pt e impressa em papel couché fosco 115 g/m² pela gráfica Paym.